巴菲特的财富元宇宙

梅芬芬 ◎编著

航空工业出版社
北京

内 容 提 要

本书旨在通过生动有趣的故事和浅显易懂的语言，向青少年介绍投资大师沃伦·巴菲特的人生哲学与财商思维，并结合当下热门的元宇宙概念，展示其在现代经济中的应用。

图书在版编目（CIP）数据

巴菲特的财富元宇宙 / 梅芬芬编著．-- 北京：航空工业出版社，2025.6．-- ISBN 978-7-5165-4156-2

I．F837.124.8-49

中国国家版本馆CIP数据核字第2025MB3938号

巴菲特的财富元宇宙
Bafeite De Caifu Yuanyuzhou

航空工业出版社出版发行
（北京市朝阳区京顺路 5 号曙光大厦 C 座四层　100028）
发行部电话：010-85672688　010-85672689　　读者服务热线：010-85672635

唐山楠萍印务有限公司印刷　　全国各地新华书店经售
2025 年 6 月第 1 版　　2025 年 6 月第 1 次印刷
开本：680 × 960　1/16　　字数：120 千字
印张：8　　定价：59.80 元

用巴菲特的智慧玩转财富元宇宙

说起巴菲特，很多人脑海里浮现的是西装革履坐在股东大会上的金融巨擘，那些复杂的金融术语和起伏不定的股票走势图，让这位股神显得遥不可及。但鲜有人知，这位财富传奇人物早在6岁时就推着小推车卖口香糖，11岁便第一次买入股票，从送报纸攒本金到大学期间创办投资俱乐部，一步步用“滚雪球”的方式，将童年时的商业梦想培育成参天大树。他执掌伯克希尔·哈撒韦50余年，创造了年均20%的复合收益率，用一生诠释了价值投资的魅力。

巴菲特，这位在财富领域摸爬滚打多年的传奇人物，他的成功并非偶然。他那句用“滚雪球”比喻财富积累的话——“重要的是找到湿雪和长坡”，可谓是财富积累的金玉良言。这里的“湿雪”，指代那些有潜力、能带来丰厚回报的投资项目；“长坡”则是长期稳定的投资环境与时间的积累。他通过长期投资、价值投资，让财富实现了惊人的增长。

巴菲特常告诫投资者:“不要把鸡蛋放在一个篮子里，除非你知道自己在做什么。”这句看似矛盾的忠告，实则道出投资精髓——普通人需要分散风险，而专业投资者要敢于重仓优质资产。他还说过“别人恐惧时我贪婪，别人贪婪时我恐惧”，在 1987 年美股崩盘、2008 年金融危机时，正是凭借这份超越常人的冷静，他抄底富国银行、高盛等企业，收获了巨额回报。

生活中，我们常常为无法积累财富而苦恼，看着银行卡里微薄的存款，想象着能实现财务自由，却不知道从何下手。投资股票，怕被割韭菜；把钱存银行，又觉得利息跑不赢通胀。而巴菲特的这些经过时间检验的智慧，对每个渴望实现财富增值的普通人来说，都是宝贵的指路明灯。

如今，元宇宙正以惊人的速度重塑经济形态。从虚拟土地拍卖到 NFT 数字藏品，这个虚实交融的世界里，新的财富赛道不断涌现。《巴菲特的财富元宇宙》这本书，正是巧妙地将巴菲特经典的财富理念与当下热门的元宇宙相结合。它并非晦涩难懂的金融教科书，而是一本能让大众轻松读懂的财富指南。书中用生动的案例、直白的语言，为我们剖析在元宇宙这个新兴领域里，如何运用巴菲特的投资智慧，找到属于自己的“湿雪和长坡”。无论是想在元宇宙中开启创业之旅，还是尝试投资虚拟资产，这本书都能给你启发，帮助你拨开财富路上的迷雾，让你在元宇宙的财富浪潮中，避开投机陷阱，抓住属于自己的那朵浪花。

目录

巴菲特说

你的人生由你打造

巴菲特是美国著名的投资家和企业家，被人们誉为“股神”。他赚取了不计其数的财富，多年位于全球十大富豪之列。

许多父母都希望孩子将来能继承自己的事业，延续自己的辉煌。按照这个规律，“股神”的子女必然会成为“小股神”。

但是，巴菲特的三个子女都没有走上“股神之路”。对此，巴菲特并不生气，相反，在孩子们年幼的时候，他还经常告诉他们：“你的人生由你打造。”正是在巴菲特的鼓励下，三个孩子都走上了各自不同的发展道路。

女儿苏茜创立了一个基金会，专门扶持家乡的教育事业；大儿子霍华德对田野、泥土和农作物有一股难以抑制的热情，所以经营着一家农场；小儿子彼得从小就喜欢弹琴、唱歌和写歌，长大后进入音乐圈，继续做着自己喜欢的事。

启示故事

马友友的传奇之路

马友友是著名的华裔大提琴演奏家。但谁又知道，自他出生起，父母就为他设计好了人生路线：做一位出色的经纪人。当马友友牙牙学语时，他的父母就开始教他认数字；两岁时，他们就开始教他算术；读小学时，马友友已经是学校的“数学之星”了，并在许多数学竞赛中获奖。马友友却觉得，这丝毫没有乐趣可言。直到后来他偶然遇到一位拉大提琴的老人，这才彻底改变了他的人生轨迹。

一天傍晚，在放学路上，马友友路过一幢老房子，看到一位老人正在拉大提琴。那位老人拉大提琴的神情无比陶醉，眼前的画面让马友友不禁轻叹了一声：“如果我能奏出这么美妙的音乐该多好啊！”就在这一瞬间，马友友意识到音乐才是自己真正喜欢的事情。

在那之后，马友友就经常从数学培训班里逃课，溜到老人那里去学拉大提琴。这一情况很快就被他的父母发现了。这时，马友友坚定地说出了自己的想法：“为什么一定要按你们规划的路走呢？我觉得音乐是最能让我开心的事情，而且我认为做自己喜欢的事情才能做得更好！”

从那以后，马友友一如既往地去老人那里学习音乐，他的父母也被他的坚持打动了。中学毕业后，马友友在曼哈顿获得了全市学生音乐会的一等奖，并前往哈佛大学就读。后来，他在音乐界的名声越来越大，许多重要的交响乐团及一些著名的音乐大师都向他发来邀请。在之后的多年里，马友友多次应白宫之邀演奏音乐，还多次获得“唐大卫奖”和“格莱美奖”，成了一位名震国际的音乐大师。

巴菲特说

兴趣是坚持不懈的动力之一

天才物理学家爱因斯坦认为，兴趣是最好的老师。同为天才，巴菲特非常认同爱因斯坦的观点。他认为兴趣是他坚持不懈地努力，最终获得成功的动力之一。

巴菲特从小就喜欢钱和数字。那时他还有一个爱好，就是和小伙伴们站在车辆川流不息的十字路口，把路过车辆的车牌号码记在纸上。

长大后，巴菲特开始买股票。他进入父亲所在的证券公司，负责绘制股票市场价格升降的图表。

走上了这条路之后，巴菲特也遭遇过许多挫折。他遭遇领导的反对，投资失败也让他倍感沮丧。但巴菲特凭借自己对数字和金钱的兴趣，依然坚持不懈地努力工作。后来他的事业逐渐发展起来。巴菲特认为，正是自己一直做着感兴趣的事，才能坚持不懈地努力，直到收获成功。

坚持不懈的篮球少年

相信即使在平时不怎么关注篮球运动的人群中，大部分人都听说过迈克尔·乔丹这个名字。他是世界篮球历史上一颗闪耀的明星，带领芝加哥公牛队拿到6个NBA（美国职业篮球联赛）总冠军，还创立了属于自己的运动品牌。

乔丹的哥哥拉里·乔丹非常喜欢篮球，而且球技十分出色。乔丹小时候在哥哥的影响下，也喜欢上了篮球这项运动。在篮球场上和哥哥单挑，挥汗如雨地试图打败哥哥，是乔丹童年记忆中难忘的时刻之一。

一个人想要拥有成功的事业，需要具备很多优秀的品质，抗挫折能力就是其中之一。乔丹在学习哥哥、挑战哥哥的过程中，经历了许多挫折。读高中之前，乔丹在和哥哥的单挑中一次都没有赢过。

相信面对如此令人沮丧的结果，乔丹心里一定不好受。但他没有放弃自己的篮球梦，始终努力训练，寻找提升自己的机会。高中时，他申请加入学校的篮球队，成为队伍里的一员。可当时他的身高只有178厘米，身体也比较瘦弱，因此在球场的对抗中比较吃亏。

高二时，教练对他说："迈克尔，你不够高，还不到180厘米，NBA不会选你，校队也不会选你。"得知自己即将被校队开除，乔丹非常难过。他对教练说，如果教练担心自己拖球队后腿，自己不

上场比赛就是了。他愿意留在球队为队友拎行李、递毛巾，只要能留在队伍里训练就行。

教练被乔丹的执着感动，同意了他的请求。从此乔丹从早到晚都在训练，晚上练累了就在球馆里睡觉，醒来后继续练习。高中的后两年乔丹长高了 20 厘米，身高达到 198 厘米，他也成功获得了上场比赛的机会，逐步成长为超级巨星。

乔丹对篮球的热爱，不仅让他经受住了失败带来的沮丧感，也使他争取到了日后事业成功的机会。对篮球的热爱，也是他克服困难，坚持不懈的动力之一。

巴菲特说

以兴趣为选择行业的基点

谈起自己的工作，巴菲特总是兴致勃勃。他总能几十年如一日地对自己的工作保持极大的热情。

他的朋友曾经评价，巴菲特每天去办公室时愉快的样子，让人们觉得他好像不是去上班，而是去赴一场约会。

可以说，巴菲特已经把工作当成了自己的恋人。在工作的过程中，他能够感受到幸福和甜蜜，这种境界无疑是他日后成为“股神”的一大助力。

巴菲特是怎么达到这种境界的？他认为，把兴趣作为选择行业的基础，是自己成功的一个秘诀。

他从小就对数字和金钱非常感兴趣，在这方面拥有超人的天赋。因此，长大后，他果断依照自己的兴趣，做起了股票生意。

11 岁时，他就和姐姐一起买了股票。虽然这次投资只是让他稍微赚了一点点，但小巴菲特已经找到了自己未来的路。

启示故事

巧克力饼干女孩

张柔安毕业于哈佛大学，她学的是与经济相关的专业，毕业后顺理成章地进入一家金融咨询顾问公司工作。她聪明伶俐、工作认真，没过几年就获得了领导的认可和客户的信任。

虽然事业取得了不错的成绩，但张柔安总觉得心中缺了点儿什么，无法真正快乐起来。下班后，她常常到城里的一家糕点烘焙店，点一份蛋糕享受独处时光。有一次当蛋糕端到面前时，她的脑海里忽然浮现出小时候经历的一件事。

那时她只有十二三岁，经常去同学家玩。她喜欢和同学一起看教做甜点的电视节目。面点师夸张的表情、幽默的语言，以及他在面团上的“神操作”吸引着她们。她们从超市里买面粉和其他原料回家，按照节目里的指示做面点，获得了好多快乐。

想到这里，张柔安心中的情绪喷涌而出，捂着脸呜咽起来。这家烘焙店的面点师看得莫名其妙，连忙问她出了什么事，是不是身体不舒服。张柔安把自己的回忆告诉了面点师。

听了这些话，面点师大方地邀请张柔安进入厨房，请她一起做面点。张柔安在做面点上的天赋非常高，所以她的进步很快，面点师感到很欣慰。很快他们交上了朋友，张柔安经常来到这家烘焙店，成了厨房里的一员。

在这家烘焙店，她体验到了真正的快乐。于是张柔安向父母提出，想要从公司辞职，自己开一家糕点烘焙店。幸运的是，父母非常支持她的决定，鼓励她大胆尝试。几年后，张柔安已经是远近闻名的面点师，被称为“巧克力饼干女孩”。

以兴趣为选择行业的基点，人生就会熠熠发光。

为兴趣和爱好买单

洋洋喜欢计算机编程，露露有很高的舞蹈天分，为了培养他们的兴趣和特长，妈妈花了几千元钱为兄妹俩报了辅导班。洋洋半开玩笑地说：“想不到妈妈这么精打细算的人，竟然舍得花这么大一笔钱。”妈妈也笑着说：“为你们的兴趣和爱好买单也算一种投资，舍得

的。”洋洋不理解地问：“报辅导班也是投资吗？”E博士笑着说：“当然了，教育本质上就是一种投资。”

有人说，没有爱好的人是可怕的，因为这种人会更加纯粹地追求功利，这是从人性的角度来看。从家庭理财的角度来看，没有爱好的人是可怕的，因为他们没有追求财富的动力。为兴趣和爱好买单是有益的，因为爱好也可能是巨大的财富来源，没有比一边做自己喜欢的事，一边获得收益更加畅快的事情了。

爱吃爱穿这样的爱好也可以赚钱？答案是肯定的。电影、阅读、美食、旅游、游戏等爱好都可以。比如，有个爱好美食的人，非常喜欢吃，能吃还不胖。于是她开了个吃东西顺带探店的直播，每天定时直播吃各种东西，或者直播去各个美食店探索美食，半年后积累了不少粉丝，不少店主和线下餐厅来找她做广告。

想要通过兴趣爱好获得收益，关键不在于爱好的种类和多少，而在于你的爱好处于哪种层次。心理学上将兴趣分为三类。

感官兴趣是通过直接的感官刺激而产生的，它由外界因素控制，最不稳定。自觉兴趣是在感官兴趣的基础上，加入了思维，推动我们进一步行动，发展出能力，它由内部控制，相对稳定。潜在兴趣（也称为志趣）不仅在于有感官和认知能力，还加入了更深一层的内在发动机制——志向与价值观，它也是由内部控制，是三种兴趣中最为稳定的。

在我们的一生当中，能成为感官兴趣的事情有太多，能成为自觉兴趣的也不少，但真正能让我们坚持一生且乐此不疲的，一定是与我们价值观结合最紧密的那个。

兴趣是爱好，也是资本，亦是财富的来源。将兴趣变现主要有三种途径。利用兴趣获得的技能赚钱：如果你热爱播音主持，你可以去当主播。也可以在专门接单录音的网站上传自己的小样，来吸引不同需求的客户。还可以在专门招聘兼职的网站上主动寻找录音的兼职工作。给有相同兴趣的人提供产品或服务：如果你拥有多个含金量超高的资质证书，你可以在网络上将自己从零基础到成功考证的技巧分享在相关的话题下，为那些咨询考试技巧的人提供一对一的付费问答服务，还可以将所有平时练习的资料上传，申请开通有偿下载功能，供大家使用。成为组织者，运营兴趣社群：如果你精通某项娱乐活动，可以发帖介绍游戏规则、玩法技巧，这样就会很多有同样兴趣的陌生人加入小组。接下来，可以尝试举办小规模的线下活动，从中收取服务费。

实战测试

兴趣消费类产品大受欢迎

数据显示，六成以上青年以取悦自我、提升幸福感为消费核心，购买兴趣消费类产品；五成以上青年购买兴趣消费类产品是为了融入社交圈层，被朋友或圈内人士“种草”。在消费金额方面，青年兴趣消费的平均月支出占每月总消费的 27.6%，近七成青年表示可接受产品一定程度的溢价。

随着人均可支配收入不断提高，个性化、多元化消费需求与日俱增。兴趣消费几乎涵盖了所有能引起人们情感共鸣的消费品，具有迭代速度快、附加价值高、文化性强等特点。

你有哪些兴趣和爱好？你愿意为自己的兴趣、爱好买单吗？

我问你答

为什么说为兴趣和爱好买单也是一种投资？

参考答案：在兴趣上的消费会获得情感、文化价值等方面的增值，还可以利用爱好变现。

巴菲特说

坚持独立做事

有一天，巴菲特年仅4岁的孙女正在家门口系鞋带。邻居看她系鞋带的动作不太熟练，而且有些费劲。

这位好心的邻居走到小女孩身边，想要帮她把鞋带系上。没想到小女孩抬起头，坚决地反问邻居：“你知道我多大了吗？”

邻居愣了一下，回答：“我不知道，你应该还很小吧。”

“我不小，今年都已经4岁了。”小女孩倔强地表示。邻居听了这话，自然知道小女孩不希望自己帮她系鞋带，只好离开。

这个小女孩明白，人应该独立，因为父母不能保护自己一辈子。因此即便只有4岁，她依然坚持独立做事。

巴菲特的女儿苏茜，很小的时候就开始自己打工赚钱了。

父亲巴菲特并没有给她太多钱，只是告诉她怎样去赚钱。这种教育方式让苏茜受益良多，她很早就学会了独立生活。

启示故事

特别的珠宝设计师

蒂芙尼是美国著名的珠宝品牌，主要产品包括腕表和珠宝等。这家公司有个优秀的设计师名叫帕洛玛，她是西班牙画家毕加索的女儿。她设计的产品前卫、奢华，是蒂芙尼的主打系列之一。

毕加索是西方现代派绘画的主要代表，20 世纪全球最伟大的画家之一。许多画家活着的时候穷困潦倒，去世后作品的价值才被世人发现。毕加索不同，他活着的时候就已经享有盛誉，并积累了丰厚的财富。

毕加索与帕洛玛的母亲相识相爱，但两人并没有结婚，只是保持着恋人的关系。没过多久，帕洛玛就出生了。在帕洛玛生命的最初 15 年，毕加索和她的母亲关系不错，帕洛玛的生活相对幸福。

15 岁那年，母亲和父亲闹翻，带着帕洛玛远走美国。毕加索盛怒之下，发誓再也不见帕洛玛。失去父爱后，帕洛玛很难受。不知经历了多少折磨与挣扎，她最终决定走出父亲的阴影，摆脱“毕加索”这个让她难以承受的名号。

是的，此时帕洛玛不愿意再活在父亲的阴影下，不愿意再被人们当作毕加索的女儿。她只想做自己，走独立且自己感兴趣的路，开创只属于帕洛玛的事业。

1969 年，帕洛玛开始设计珠宝首饰。努力了几年后，她在珠宝界留下了属于自己的印记，开始受到业界大佬的关注。1980 年，帕洛玛加入蒂芙尼公司，逐渐成为一名优秀的珠宝设计师。

独立后，帕洛玛才真正找到了属于自己的事业，活成了自己想要的样子。

巴菲特说

独立思考，不让旧习惯左右你

巴菲特非常重视培养自己孩子的独立思考能力，鼓励他们形成自己的观点。他常在自己家的厨房里举办“辩论赛”，让孩子们尽情地表达自己的见解，培养独立思考的能力。

巴菲特在西雅图华盛顿大学演讲时提到：那些旧习惯对人们的影响非常大，这会导致许多人做出错误的决策，从而遭受损失。

想要克服旧的思维习惯的影响，需要用到独立思考的能力。因为独立思考能带给人们好处。它能帮助我们破除不利于自己的旧习惯，去做对自己有利的事。

为什么独立思考有这样的效果？因为它能让我们从不同的角度看问题，形成和别人不一样的看法，拥有属于自己的见解。这些主见和独立的想法，能帮助我们消除陈旧思维习惯的影响。

启示故事

打破思维惯性

课堂上，爱因斯坦用出人意料的思路回答老师的提问。同学们听完爱因斯坦的回答，哄堂大笑。有的同学笑弯了腰，有的同学笑着用拳头敲桌子，仿佛听到了能让他们全身每一个细胞都兴奋起来的笑话。爱因斯坦不满地看着他们，直到自己的目光与老师的目光相遇。

在老师眼中，爱因斯坦看到了惊喜和赞赏。

事情是这样的。这天正在上手工课，老师教大家叠纸盒。可是爱因斯坦无精打采地趴在课桌上，似乎对叠纸盒不感兴趣。老师走上前问："爱因斯坦同学，你为什么不叠纸盒呢？"

爱因斯坦抬起头，瞪大了眼睛看着手工课的老师："老师，一张纸有多厚呢？"老师停顿了一会儿，笑着说："如果你想知道，可以把 100 张纸摞起来，测出厚度后除以 100 就得出答案了。"

爱因斯坦点点头，开始动手求解，他得出的答案是：一张纸的厚度为 0.08 毫米。老师又问：“大家想想，把这张纸对折 30 次后，能有多高啊？”

有的同学说：“也许有 10 层楼那么高吧。”另一个同学说：“哪有那么高！顶多十几米高吧！”此时爱因斯坦站起身，不确定地说：“我想，应该比阿尔卑斯山还高吧。”听了这话，同学们哈哈大笑，出现了本文开头的那一幕。

一张厚度为 0.08 毫米的纸，对折 30 次后能有多高呢？答案是 85899 米。阿尔卑斯山只有 3000 多米高，爱因斯坦答对了。

他是怎么做到的？因为他敢于独立思考，打破旧的思维习惯，考虑到一些看似“荒唐”的情况，所以能想到别的同学想不到的答案，并通过数学计算验证自己的猜测。

我们要独立思考，避免思维定式和旧习惯左右自己。

巴菲特说

有主见的人才能走得更远

巴菲特在工作中表现得很有主见。正是由于这种品质的帮助，他的事业才能够走得更远。

1954 年 8 月，巴菲特来到一家公司上班，他的工作是观察投资市场的动向，争取为公司和自己赚些钱。

很快，巴菲特就看上了一只名叫“家庭保险公司”的股票。当时这只股票在市场上没什么名气，很多投资者并不知道它的存在。

巴菲特判断，这只股票每股只有 15 美元，以后价格肯定会大幅攀升。

可领导认为，这只股票很少有人买，投资的风险非常大。巴菲特不愿意这样做，他说服了一个同事，两人合买了这只股票。

不到一年时间，这只股票的价格从每股 15 美元上涨到了每股 370 美元，巴菲特赚翻了！

巴菲特很有主见，他没有听从领导的意见，坚持买了自己看好的股票，这对他的事业有很大帮助。

愚公坚持己见

巴菲特没有盲目跟从别人，而是坚持自己的想法，最终赚了许多钱，这体现了他是个有主见的人。正是因为拥有这种品质，巴菲特才能在“家庭保险公司”这只股票上获得丰厚收益。

由此可见，不盲目跟从，坚持自己的想法，这也是我们身上独立自主品质的展现。无论在现实生活里，还是在历史故事中，都有人因拥有独立自主的品质而受益。

愚公移山这个故事，相信很多人都知道。愚公是个将近九十岁的老人，他和家人们住在大山脚下。愚公家紧邻着两座山，分别是太行山和王屋山。家人总被这两座山挡住去路，外出很不方便。

愚公不甘心接受眼前的现实。他召集家人们，希望大家一起动手，把阻挡在家门前的两座山移开。他的妻子表示反对：“我说老头

子，你已经是快九十岁的人了，走路都走不稳，还天天想着移山？你不可能成功啊！”

愚公没有理会妻子的反对，继续率领家人们移山。智叟（有智慧的老者）听到愚公移山的事情后，找到愚公对他说：“你我的年纪都很大了，没多久可活，何必跟这两座山过不去呢？听我一句劝，咱别干了！”

面对智叟的劝告，愚公笑着说：“就算我死了，我的子子孙孙还会接着干，总能把这两座山搬走！你别劝了，我决心已定！”愚公的坚持感动了天帝，天帝命令大力神的两个儿子出手帮忙，把这两座山背走，愚公的心愿实现了。

愚公是个有主见的人，他感动了天帝，最终获得成功。可见人一旦有了自己的主见，就有可能实现自己的目标，也有可能走得更远。

不要被金钱支配

“钱不是万能的，没有钱是万万不能的。”E 博士问洋洋，“你对这句话怎么看？”洋洋说：“金钱是生活中不可缺少的东西，在现代社会没有钱几乎寸步难行。”E 博士急切地说：“你这种思想很危险，虽然金钱在现代生活中所占的比重越来越大，但千万不要让它占据

你的头脑，千万不要被金钱支配。”犹太人认为，金钱不是万恶之源，对金钱的贪婪之心和无止境的占有欲，才是万恶之源。

金钱对于我们每个人来说是重要的，因为金钱可以为我们提供更加舒适的生活，可以让我们的行动更自由。谁都希望金钱越多越好，由于太看重金钱，人们便永不满足，拼命地赚钱，想方设法发大财，并因此丧失了自身的健康和安逸。对于金钱，我们要持有一种健康的心态，不要被金钱支配，不要成为金钱的奴隶。我们不可过于看重金钱，因为一旦钻到钱眼儿里，金钱就会束缚个人的自由。如果对金钱的追求没有节制，也不懂得如何运用金钱，那么我们即使有大把的金钱也不会快乐。

财富是美好生活必不可少的，但是我们必须要知道，如果一味醉心于追求财富，很容易迷失方向。

当一个人过于迷恋金钱，那么金钱作为获取美好生活的手段就失去了其原意。当金钱本身成了一切的目的而被置于爱情、信任、家庭、健康和个人幸福之上时，它必然产生负面的影响。

当我们获得很多财富时，我们将经历一次质变，不得不与内部的和外部的可怕力量竞争。这些力量或许会使我们产生怀疑 、猜

忌，甚至对拥有更多金钱的人忌恨，并对任何阻碍我们发财的人充满敌意。因此，正视金钱是必要的，我们要成为金钱的主人而不是金钱的仆人，面对金钱不贪婪，不为金钱所累的人才是明智的人。

我们活着必须赚钱，因为有了钱，才能换来安稳的生活，才能在需要的时候，不至于因钱陷入困境。但赚钱也要有底线，要挣干干净净的钱，只有这样的钱花着才会安心，才能晚上安安稳稳地入睡。我们可以用钱来守护我们的家庭、朋友和梦想，用钱来让人生尽量不留遗憾。但我们不要让金钱成为我们人生的枷锁，而是要用它来释放我们的激情和创造力，让我们的生活更加精彩、更有意义。因此我们在追求钱的过程中，要学会适可而止。不要让金钱成为我们人生的目的，而是要让金钱成为我们实现梦想和追求美好生活的工具。

实战测试

犹太人的金钱观

取财有道，保持双手干净。犹太人的这一金钱观源于其民族圣典《塔木德》中的一句话：“一双手干净的程度，与这双手能够拥有的财富数量成正比。真正的清白和诚实，可以从一个人对待金钱的态度上看出来。只有在金钱问题上可靠的人，才可以被看作是清白、诚实的。”

我们应该合理使用金钱，不被金钱支配，不做金钱的奴隶。请详细叙述你对守财奴的理解。

我问你答

如何理解做金钱的主人而不做金钱的仆人？

参考答案：过度迷恋金钱，会产生负面影响。

巴菲特说

不要总是向别人炫耀自己

巴菲特告诉儿子一个朴素的道理：不要总是向别人炫耀自己，更不该炫耀自己的财富、职位、知识、父母等。

彼得最近心情不太好，他刚遭遇同学的鄙夷。虽然他是巴菲特的儿子，但“股神”并没有给他很多钱花，因此他出门只能开一辆比较破的二手车。

有一次，他开着自己的二手车在路上遇见了老同学。本来大家见面，应该很开心才对。可这位老同学见彼得开了辆又旧又破的车，非常看不起他，就对彼得说：“你咋还在开这辆破车呢？你该学学我，我刚换了辆新车呢！”

被老同学鄙视，彼得感到非常难过。他找到了父亲巴菲特，把自己的遭遇告诉了父亲。听彼得说完这些，巴菲特哑然失笑。“股神”告诉儿子，他的这位同学是在向彼得炫耀自己的新车，因此显得有些骄傲，甚至狂妄，这让其他人不太好受。他告诉彼得，完全没必要把精力和心情浪费在这样的同学身上。

启示故事

喜欢炫耀的商人

意大利有个做珠宝首饰生意的商人，名叫墨莱基。这位珠宝商人做了多年宝石生意，对宝石非常了解，随口就能说出很多关于宝石的知识，精通鉴定宝石的方法。他喜欢逢人就夸口，炫耀自己所拥有的知识，并声称自己是鉴定宝石的专家。

有一次，墨莱基来到伦敦参加宝石拍卖会，坐在他身旁的是一位衣着普通的老者。他礼貌地和老人打了声招呼，不由得注意到老人手腕上戴着的手表。这块手表不但做工精良，还镶嵌着多颗钻石。

墨莱基惊讶地对老者说：“您的手表真名贵啊！”老人淡定地微笑着说：“这只是块普通的手表而已！”墨莱基相信自己的眼光，他认为自己绝对不会看错。他想，也许这个老人是个外行。

于是他照例打开话匣子，对着老人一顿自吹。他看似随意地向老人介绍关于宝石的知识，实际上是在夸耀自己有多么擅长鉴定宝石。老人始终面带微笑，耐心地听着。

拍卖会开始后，墨莱基花 5 万英镑买下了一颗孔雀蓝宝石。老人面露惊讶，欲言又止。墨莱基觉得有些奇怪，追问老人发生了什么。老人犹豫片刻，还是开口了："你买这颗宝石，至少多花了 2 万英镑。"

墨莱基根本不相信老人的话，反而感到很生气，因为他认为老人在编造理由嘲笑自己。他不服气地拉着老人来到鉴定中心，要求工作人员鉴定宝石的价值，好让老人无话可说。可鉴定的结果显示，墨莱基先生这次确实看走了眼，他买下的宝石根本不值 5 万英镑。

墨莱基沮丧地坐在椅子上，之前的炫耀就像被人当面打脸，让他感到热辣辣的疼。

巴菲特说

取人之长，补己之短

和父亲不同，巴菲特的长子霍华德对投资不感兴趣。他从小就喜欢在山川田野间玩耍，非常喜欢大自然。

长大后，霍华德开了一家农场，很快就投入到农场的建设中。可没过多久他就发现，自己缺乏经营农场的知识，如怎样按季节规划蔬菜的种植、怎样营销自己的农产品等。

于是他找到自己的朋友大卫，大卫对经营农场十分在行。为了帮助霍华德，大卫不仅亲自指导他，还把自己的助手介绍给他。

霍华德认真地跟着大卫和他的助手学习，很快就掌握了管理农场的技术。

古语云：他山之石可以攻玉。每个人都有自己的长处和短处，如果能够学习别人的长处来弥补自己的短处，人生将变得更美好。

霍华德深知这个道理，因此他找来了大卫，获得他和助手的帮助，并积极学习管理农场的技术。

启示故事

分裂法和分裂机

法国有个铁匠名叫理查德·比尔，他和自己的铁匠朋友们掌握着精湛的技术，在法国的铁器和铁制工艺品制造行业占据霸主地位，生意非常好。比尔对自己的事业感到满足，他觉得生活实在是太美好了。

可好景不长，不知什么时候，有个英国铁匠来到法国，他也制造铁器和工艺品，简直是来和比尔等人抢生意的。刚开始比尔没有把他放在心上，毕竟一个独在异乡的外国人能有多大能耐？难道还能翻天不成？！

一段时间过后，比尔和朋友们感到有些恐慌，他们发现这个英国铁匠好像真的要翻天了！英国铁匠的手艺并不比比尔他们更好，但有更先进的工艺。这个先进的工艺名叫“分裂法”，用这种方法

制造出的产品兼具现代工艺品的时尚和传统工艺品的美感，成本更低，几乎全方位碾压了比尔等人的产品。

强敌上门抢生意了，比尔等人却束手无策，因为他们根本不会“分裂法”，怎么和英国人竞争呢？同行们纷纷垂头丧气，有些铁匠甚至放弃了自己的老本行，做起了其他生意。

比尔没有认输，他决定去国外学习，取人之长补己之短。他带上自己心爱的手风琴，辗转德国、意大利、西班牙等地，一边卖艺，一边学习当地先进的钢铁加工技术。最终来到英国后，他一头扎进这里的铁器制造厂，学到了很多先进技术。

返回法国后，比尔不但学会了“分裂法”，还研制出了一种名叫“分裂机”的设备，制造的铁制工艺品更加美观、耐用。凭借这项技术，法国的铁匠们再次“站了起来”，打跑了来自英国的竞争者。

巴菲特说

有的时候要会说“不”

虽然巴菲特是比尔·盖茨的朋友，但没有投资微软的股票。盖茨曾经向巴菲特表达过，希望他能够用手头上的资金购买微软股票，帮帮自己，但巴菲特拒绝了。

这是因为巴菲特不善于投资微软公司这类科技题材的股票。为了保障自己的利益，他拒绝了好友的请求。

可就算微软股票不是巴菲特的“菜”，他也应该拿出点儿钱支持一下自己的朋友吧？

对于这类问题，巴菲特的回答都是“不”。只要他不愿意，就可以对朋友说“不”。“股神”并非不在乎朋友的面子，只是和朋友的面子相比，他更在乎自己的体验和利益。

如果朋友的需求与自己的意愿、体验和利益不冲突，当然可以满足朋友的需求。反之，巴菲特就会说“不”。

这是因为，有时候学会说“不”，能维护自己的利益。

启示故事

云茜与穗穗

看着穗穗远离的背影，云茜难过地流下了眼泪。可就算事情再来一次，她依然会坚持自己的选择，拒绝穗穗的求助。

云茜的妈妈远在外地务工，云茜时常感到孤独。今年过年，妈妈回到家乡给云茜带了一件礼物，是个陶瓷做的草莓熊饰品。云茜让它陪着自己上学，就像妈妈一直陪在身边。这天下午刚下课，一个名叫皓皓的男生从她身边跑过，把草莓熊撞飞掉到地上，云茜心爱的饰品瞬间碎成了几片。云茜和皓皓吵了起来，两人不欢而散。

放学后，皓皓带着几个哥们把云茜围在了校园角落里。这时一个尖锐的声音划破天空："你们干什么！"皓皓等人纷纷逃离了现场。这位救下云茜的女生就是穗穗。

在接下来的两年里，穗穗像个大姐姐似的，给了云茜许多照顾。云茜喜欢她开怀大笑时的模样，羡慕她在跑道上奔驰的英姿，更留恋与她分享心事的每个瞬间。

一天穗穗悄悄对云茜说："期末考时，你的数学考卷借我抄抄呗。"云茜惊愕地说："你想作弊啊，这怎么行！"穗穗笑着说："这只是一点儿小事，我能提高成绩，对你也没有坏处，你看如何？"

云茜摇摇头说："我们不可以这么做，这是不对的！"穗穗想了想说："你是怕被老师抓到吧？放心，我会很小心，不会连累你！"云茜叹了口气："问题不在于老师，而在于我们的所作所为。考试不能作弊，这是底线，绝不可以乱来！"

穗穗央求道："求你了，帮帮我吧。要是我这次考不好，爸妈会揍我！"云茜还是坚定地摇摇头："还有几天才考试，我会努力帮你补课。"穗穗的脸沉了下来："我一直都把你当好姐妹，甚至还救过你，连这点小忙都不肯帮我？！"说完，穗穗转身快步离开。

过了许久，云茜才慢慢平静下来。她坚信自己的拒绝没有错，也相信一定能帮助穗穗，挽回和她之间的友谊。

消费的偏好与选择

周末，洋洋一家准备外出游玩，但是洋洋想去游乐园，而露露想去看电影，他们互不相让，令爸爸妈妈陷入选择的困境。

其实，生活中我们经常会面临选择，比如有时候我们同时想要很多东西，但现实情况不允许，只能选择一种。

只有一点儿钱，是买汽车模型还是飞机模型？只有半天时间，

是去看电影还是听音乐会呢？只有一个胃，是吃米饭还是吃面条呢？真是鱼和熊掌不可兼得啊！

我们总是以为，做出一种选择时所付出的时间和金钱就是做这个选择的成本，比如选择飞机模型的成本是 50 元加上 10 分钟挑选时间，选择听音乐会的成本是 80 元门票加上 2 小时聆听时间，选择吃面条的成本是 20 元加上 15 分钟吃饭时间。

实际上，事情可没有这么简单。

我们在做出一种选择时，除了选择本身要投入的时间和金钱，我们还不得不放弃其他的选择，这些被我们放弃的选择叫作机会成本。我们选择了飞机模型而放弃了汽车模型，汽车模型就是我们的机会成本。音乐会和电影同时举行，听了音乐会就没法看电影，电影也是机会成本。我们吃了一大碗面条，就没有肚子再吃米饭了，米饭就是机会成本。

生活中，所有的选择都是有成本的，即使不花一分钱，也不可避免地要付出一些时间。即使吃一顿“免费的午餐”也要花费半小

时的时间，如果利用这半小时帮妈妈做家务，就可以赚到 20 元零花钱，这 20 元钱就是这顿免费午餐的机会成本。

我们的许多消费选择，其实都考虑了机会成本。

在进行消费选择时，每个人都有自己的喜好和厌恶。如洋洋特别爱吃油炸臭豆腐，每次遇到都要买来吃，但露露受不了臭豆腐的味道，她经常抱怨："好臭啊，你怎么会喜欢吃这样的食物？"同样，露露看中了一顶造型别致的帽子，洋洋却说："好丑啊，你怎么会喜欢这么奇怪的帽子？"

不同的人喜欢不同的东西，会为其消费买单，人们的消费偏好体现了他们的个性和兴趣。

人们的消费偏好还会受到环境和流行趋势的影响。比如，今年流行条纹风，在大街上就会看到许多穿带有条纹元素服装的人。不同自然条件下的人们有着各自不同的消费偏好，正如北方人喜欢吃面食，口味偏咸，所以北方常见各种面食馆。南方人喜欢吃米饭、米粉，口味偏甜，因而各种米糕、米粉在南方的销量更大。

文化也影响着人们的消费偏好，而且还会影响我们从中得到满足的方式。例如，美国西部牛仔文化浓厚，因此像悍马这样外形高大威猛的越野车很是畅销；中国人受儒家思想熏陶，行为低调，悍马在国人眼中过于高调，甚至被看成是暴发户的象征，所以相比之下其市场要小很多。文化会影响到产品的开发、促销、分销和定价。

实战测试

节日消费

人们会在特定的节日进行“节日消费”，比如，中秋节买月饼、春节买礼物。富足、喜庆、热闹，这是节日给我们的感觉，即使是在生活节奏很快的现代社会也不例外。购物、郊游、聚会等活动产生的消费热潮，也促使商家抓住每一次可以利用的机会大做文章，无形中把节日气氛烘托得更为热烈，这种气氛转而更加刺激了人们的冲动消费心理。

请详细叙述中国南北方人在饮食方面的消费偏好和选择：

	南方	北方
主食		
口味		
菜、肉比		
节日食品		

我问你答

为什么不同的人会做出不同的消费选择？

参考答案：因为每个人的消费偏好不同。

巴菲特说

管理不好时间的人将一事无成

巴菲特认为，时间比金钱更重要。金钱能存储，时间不能；金钱能向别人借，时间不能。

巴菲特还认为，时间和金钱有一个相似的地方，即它们的价值都体现在如何使用上。换句话说，精通花钱之道的人，往往能把金钱的价值体现出来；精通利用时间的人，也能把时间的价值体现出来。巴菲特坚持认为，想要管理好时间，让时间变得更有价值，就必须深入学习，花很长时间把工作内容的各个细节钻研到位。

创业是同样的道理。巴菲特建议，创业之前要在一个行业内深耕，把许多时间都花在这个行业里，这也算是一种有效利用时间、投资时间的方式。

启示故事

深耕事业的企业家

你喜欢喝娃哈哈品牌的哪种饮料？是经典的AD钙奶，还是营养快线，或者是能填饱肚子的八宝粥？不论哪种产品，都代表着娃哈哈强大的实力和影响力，而这家公司的前任董事长宗庆后先生功不可没。

巴菲特认为，管理好时间意味着人们把时间花在有价值的地方。作为一个创业者，就应该把时间花在自己所在的行业里。如果一个人能够长时间在这个行业里深耕，对行业的细节了如指掌，那么他就是一个能够有效利用时间、投资时间的人。

宗庆后先生就是如此，他能够很好地管理自己的时间，把时间用在深耕行业、了解行业细节上。在一次访谈里，主持人问了宗庆后3个问题。第一个问题是：娃哈哈矿泉水的瓶口一共有几圈螺纹？

宗庆后毫不迟疑地回答："4 圈。"这个答案十分精准，让主持人有些惊讶。接下来的问题是：娃哈哈矿泉水的瓶身有几道螺纹？宗庆后想都没想就回答："8 道螺纹！"主持人数了数瓶身的螺纹，激动地说："宗先生，这次您可错了。这个瓶子的瓶身只有 6 道螺纹！"宗庆后笑了笑说："你仔细数数，靠近瓶口的位置还有两道螺纹。"

主持人细数之后，发现果然是自己错了，只好红着脸问第三个问题："娃哈哈矿泉水的瓶盖有多少个齿？"这次宗庆后的答案令全场叹服，他数都没数就说："18 个。"

从这些回答可以看出，宗庆后对自己公司产品的细节非常了解，他真的把自己的时间用在了深耕行业、了解产品上。这样的人，就是巴菲特所说的有效利用时间的人。

巴菲特说

零星的时间同样分秒必争

巴菲特曾经说过：“我的成就归功于一点，我一生中从未浪费过一分钟。”可以看出，巴菲特对时间非常重视。“股神”是个做事不拖延的人，想到就去做。他也常常教育自己的孩子，做事一定要果断。

有些人习惯把事情集中到一大段时间里去做。巴菲特不喜欢这样，他更愿意利用零碎的时间来处理自己的琐事。为什么要如此急迫地抓紧时间呢？因为在巴菲特眼里时间不是按小时算的，而是由分钟和秒构成的，所以大家要分秒必争。

想要充分利用好每分每秒，可以从自己制订计划开始。可以是关于生活的时间安排计划，也可以是关于学习的计划。如果计划的执行效果比较好，就按照计划去做。坚持一段时间，拖延的情况或许能够改善。可如果效果不太好，就要试着调整计划。

启示故事

零星时间同样重要

莎士比亚是英国著名的剧作家，他的作品享誉全球，《罗密欧与朱丽叶》《哈姆雷特》等剧目更是深入人心，经久不衰。兴趣、天赋、智慧和机遇都是他成功路上不可缺少的要素。他本人对零星时间的珍惜，也是日后成功的要素之一。

莎士比亚出生在一个富裕家庭，父亲很有钱，经常请一些剧团来镇上演出。小莎士比亚就是在这时萌发了对戏剧的兴趣。他看完演出还不过瘾，常常邀请小伙伴们和他一起演戏，活灵活现地扮演剧中角色，他从这些表演里获得了许多满足。

13 岁时他遭遇了一场重大变故。父亲投资失败，莎士比亚家道中落，他只好独自外出自谋生路。在漫长的流浪生涯中，他当过兵，学过泥瓦匠手艺，还当过小工和乡村教师。颠沛流离的生活没

有打垮他，莎士比亚仔细地观察周围的人，记录下他们的性格特质、说话特点等信息，准备在日后创作时使用。

这段时间，莎士比亚平时要做小工、学手艺，休息的时间本来就不多。如果他想要为自己的戏剧梦想积累素材，就需要牺牲零星的休息时间来学习。莎士比亚确实这样做了，他知道哪怕时间不多，也能学到很多东西，不可以浪费。因此他就用零碎的时间来积累素材，为自己日后的创作做准备。

后来莎士比亚进入剧团，成了一名看门人，为前来看戏的观众牵马看车。他利用这个机会看了很多戏，还学习了许多戏剧理论，变得越来越专业。这些事情，都需要他用工作之外的零星时间来完成。莎士比亚很好地利用了这些零星时间，最终迎来了自己的人生巅峰。

巴菲特说

不仅勤奋，更要高效

有时候，仅有勤奋是不够的，高效率地工作或学习，才能让我们取得成功。

在巴菲特的公司里，有一个名叫丹尼尔的员工，他对数据分析工作充满热情。

来到巴菲特的公司上班后，丹尼尔依然从事数据分析工作。他喜欢这份工作，因此也非常勤奋。在上班时，同事们总能看到丹尼尔忙碌的身影。他要么在努力地收集各种资料，要么埋头专注地分析数据。可是，丹尼尔的努力和勤奋，并没有为他换来事业上的进步。跟着巴菲特干了两年后，他还是公司里的一名普通职员，没有得到升职。

为什么努力和勤奋换不来成功呢？巴菲特并没有详细解释，只是提到，丹尼尔的工作效率不够高，所以公司没有提拔他。

人们在工作或学习中，应注意方式方法，提高做事的效率。

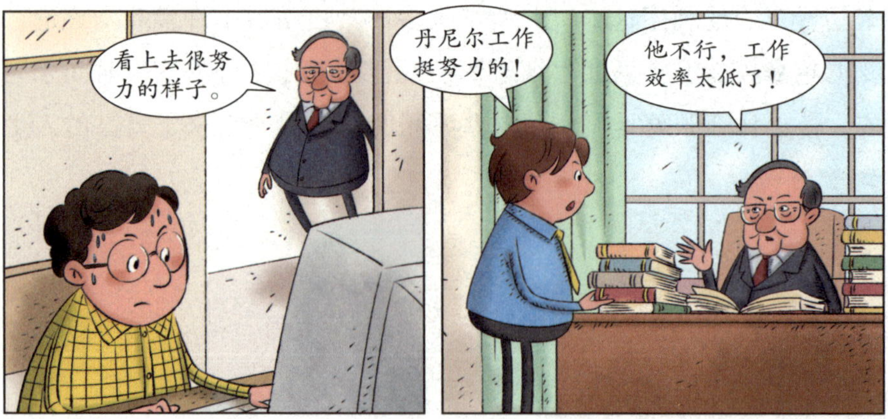

启示故事

威廉和约瑟夫

也许有人会说："我也希望能提升自己的工作效率和学习效率，可是我不明白为什么自己的效率这么低，也不懂怎样才能提升效率。"造成人们学习、工作效率低的原因有很多，想法和思维习惯是其中一个因素。

为什么人的想法不同，学习或工作的效率就会不同呢？看看威廉和约瑟夫的故事就知道了。他们两人是好朋友，来到同一家公司工作。

半年后，约瑟夫如愿升职，威廉却还是一名普通职员。他的心中愤愤不平，决定到办公室找总经理讨说法。总经理听了威廉的抱怨后平淡地告诉他："你的思维习惯和约瑟夫不同，所以我提拔了约瑟夫而没有提拔你。"

威廉不服气地说：“我不认为自己不如约瑟夫！”总经理微笑着说：“既然如此，你愿意做个实验吗？”威廉没好气地回答：“做就做！”

总经理让威廉到市场上，看看今天有什么东西在摊位上出售。威廉来到市场观察后告诉总经理，市场上有一车土豆在卖。总经理询问这车土豆共有多少袋，每袋的重量是多少。威廉再次跑到市场上调查了一遍，重新向总经理汇报。总经理又问，土豆的售价如何。威廉只好第三次跑到市场上，把查看到的信息告诉总经理。

总经理把约瑟夫叫到办公室里，让他也做了一遍同样的实验。和威廉不同的是，约瑟夫只去了一次市场，就把这些信息一次性回答出来。总经理告诉威廉，他的工作效率明显不如约瑟夫。造成这种情况的原因，是他的思维习惯和约瑟夫不同。如果他想要提高工作效率，需要学习约瑟夫的思维习惯。

贬值的“车”与会赚钱的“房”

洋洋看着自己账户叹气说：“我总往账户里存钱，可钱好像也没有变多啊。”E 博士忍不住翻白眼说：“你赚得不多，花得倒不少。你每天都线上线下买买买，现在却抱怨没存下钱。”人们每天都在赚钱、花钱，很多人都觉得钱不够花，却不曾深入思考其中的真正原因。

E 博士说：“我们要分清钱花出去的不同目的，花钱买车是为了使用，这叫消费。去年买的新车现在变成旧车了，越来越不值钱，而且要花好多钱给车加油、上保险、做保养，这些钱一旦花了就收不回来，而且如果买了不用就更是白白浪费了。花钱买房子，买后将房子租出去赚钱，顺便等房子升值，这叫投资，投资是为了让钱越变越多。”

洋洋感叹：“花出去同样的钱，一个越变越少，一个越变越多，哇，这也太神奇了！”

房子是家，是不动产，也就是固定资产，房子几乎是当前每个中国人的必需品，其折旧和损耗几乎可以忽略不计，有一定的升值和保值空间，购入时间越长，升值空间越大。而且入手一套房后可以用来出租或售出盈利。特别是在当前的市场环境下，即使有房产税和租房税收等政策，只要某些地方存在供需失衡的情况，房东就有多种方法将房屋成本转嫁给租客。因此，房子在一定程度上比汽车更保值。

汽车是一种交通工具，可以被看作消耗品，从购买的那一刻起，其性能和价值不可避免地会下降。汽车随着时间的推移，其价

值就开始逐渐降低，使用时间越长，价值越低。首先，汽车零部件会随着磨损和老化而性能下降。其次，新技术和新车型的不断发展，使得汽车市场价格不断下滑。此外，汽车市场的供需关系也影响汽车价格。

总的来说，汽车和房子的属性和价值不同，所以在市场中的表现也不同。房子可以提供居住空间，满足人们的居住需求，更适合作为长期投资。而汽车是有使用寿命的，需要频繁地更换和维护，汽车贬值的主要原因在于其使用寿命的损耗和技术的更新换代。所以，如果我们想要更好地保值和增值，可能需要考虑购买房产而非汽车。当然，这并不是说汽车就一定不值钱，房子就一定每时每刻都在涨价，只是在同样的时间段内，房子的保值能力更强。相对于房子来说，汽车更容易受到时间和使用情况的影响而贬值。

实战测试

房子为什么能保值

房子的保值甚至增值主要归功于其地理位置的不可替代性和社会需求的持续性。房子作为固定资产，其地理位置是无法改变的。好的地理位置意味着良好的生活配套设施和便利的交通，这使得房子的价值较高，具有升值空间。此外，人的基本生活需求决定了对房子的持续需求。随着经济的发展和人口的增加，对房子的需求也会不断增长。

请对比房子与车子的保值、贬值与增值的因素：

房子	车子

我问你答

相对于汽车，为什么房子的保值能力更强？

参考答案：因为房子是固定资产，折旧与损耗几乎可以忽略不计。另外，还有地理位置的不可替代性和社会需求的持续性等原因。

巴菲特说

越过痛苦，寻找闪光点

巴菲特常对孩子们说：“快乐的脚步不会因为我们承受了太多的痛苦而到来。”他常告诫孩子，有时他们需要寻找自己的闪光点。

巴菲特的小儿子彼得有个同学，从小数学就不好。父母对这件事感到很烦恼，一直督促她提升自己的数学成绩。

然而这个同学悲哀地发现，自己的努力事倍功半，数学成绩进步得非常缓慢。彼得在聊天中向她提起父亲平时对自己的忠告，希望她能够越过烦恼和痛苦，找到自己的闪光点。

这位同学思考后认为，既然自己喜欢画画，那就全身心研究画画好了。至于数学成绩，自己的进步虽然缓慢，但总比没有进步强。

最终，这位同学在绘画方面取得不俗的成绩。与此同时，她的数学成绩也慢慢赶上来了。

这位同学借助巴菲特对孩子们的建议，及时找到自己的闪光点，最终取得成功。

启示故事

越过消极情绪，寻找对方的闪光点

巴菲特的这句忠告，不仅能提升人们寻找自己闪光点的能力，还能让我们越过消极情绪，找到别人的闪光点。

伍德罗·威尔逊是美国第二十八任总统，于 1919 年获得诺贝尔和平奖。他不仅口才出众，应变能力也很强。

有一次他来到社区演讲，到场的人数比他预料的多。人群中，有老人、小孩，也有年轻力壮的男子和风华正茂的女性。威尔逊看到，许多人手里都拿着东西，有报纸、书、水果，甚至还有一些鸡蛋和蔬菜，以及反对他的标语。

演讲开始了，他清了清嗓子，卖力地阐述自己的主张。可演讲好几次被反对者的嘘声打断，威尔逊无奈地看着台下观众，不知该说什么才好。他暗自后悔：早知道是这样，我就不来这里演讲了。

威尔逊努力控制情绪，终于完成了演讲。慢慢地，人群躁动起来，一股激愤的情绪在人群中蔓延，这让威尔逊有些不安。

忽然一个鸡蛋从台下飞来，正中威尔逊面门。他狼狈地低下头，慌忙伸出手擦拭脸上的鸡蛋液。他身旁的警卫员急忙冲下台，把肇事者带上讲台。威尔逊满腔愤怒，真想把那个人好好责骂一番。

但他明白，自己身为总统，应该注意保持一个好形象。可是难道就这么忍受侮辱，忍受愤怒和委屈吗？这样也不好。该怎么办呢？威尔逊思考着。当那个扔鸡蛋的 10 岁小男孩被带上台时，威尔逊想到了办法。

他问小男孩：“你为什么要用鸡蛋砸我呀？”小男孩胆怯地辩解：“对不起，我只是想试一下我扔得准不准。”威尔逊笑着拉着孩子的手对观众说：“这小子天赋极佳，以后应该会成为一个优秀的投手！”

观众们见总统如此大度，纷纷送上掌声。威尔逊松了口气，心想：还好我没有冲动，及时克服自己的消极情绪，找到那个孩子的闪光点，赢得群众的支持。

巴菲特说

跌倒是学会走路的必修课

巴菲特喜欢钓鱼，他常到一个码头钓鱼，在那里认识了一个渔夫。这个渔夫捕鱼的技术十分精湛，靠着这份工作赚了不少钱，人送外号“渔王”。

可他的孩子们都没有学会“渔王”的捕鱼技术。巴菲特经过询问得知，“渔王”在教授子女捕鱼技术的过程中干涉得太多，总想让他们少走弯路、别遭遇挫折。

巴菲特认为，一个人没有遭遇挫折，没有“跌倒”过，自然无法成长。这就是“渔王”的孩子们没能学会父亲捕鱼技术的原因。

孩子只有在独自探索中，才能亲身感受到走弯路和跌倒的具体意义，也就能真正从跌倒中吸取经验教训，从而获得成长和进步。

巴菲特告诉我们，跌倒和走弯路都是成长必须经历的步骤。孩子们需要明白这个道理，家长们也一样。

启示故事

“跌倒”后

馆野泉是一位日本钢琴家，他热爱音乐，把钢琴弹好是他毕生追求的事业。

2002 年 1 月的一天晚上，他来到音乐厅，坐在钢琴前像往常一样弹奏。忽然他感到一阵眩晕，随即倒了下去。医院检查后告知，他突发脑出血导致右半身瘫痪，右手暂时无法活动。馆野泉沮丧地意识到，自己不得不把工作暂停一段时间。

复健的日子漫长难熬，馆野泉并没有放弃治疗。但过了一段时间，他痛苦地发现，自己的右手还是不能动。这就意味着，他可能再也无法回到音乐厅，在观众面前展示自己的琴技。虽然人人都知道人生非常残酷，可当残酷的命运真正降临时，又有几个人能淡定面对呢？

妻子告诉痛苦中的馆野泉："要不你试试左手单手弹琴？"刚开始，馆野泉对这个提议不屑一顾，因为他只想要自己的右手恢复。可随着时间慢慢推移，他逐渐接受了右手无法演奏的事实，尝试用左手单手弹钢琴。

在他不懈的坚持下，左手的演奏能力越来越强。为了方便他用左手表演，朋友们还帮他谱写了许多首专门用左手弹奏的曲子。

馆野泉终于能够用左手在音乐厅里演奏了。观众们被他的意志感动，为他送上了最热烈的掌声。他感动之余，演奏更加充满激情。

有一次，他忽然感到右手和平时有些不同，好像慢慢地又能弹上一点儿了。这是一个天大的好消息。馆野泉经过多次练习，右手也在慢慢恢复。他感到自己终于重新站了起来，重新学会了"走路"。与从前不同，他的左手单手也能演奏钢琴，在这次重新"学走路"的过程中，他有了不一样的收获。

巴菲特说

别让愤怒把自己烧掉

英国著名剧作家莎士比亚认为，不要因为别人燃起一把火，你就把自己烧死。

彼得十几岁时，有一天和邻居家的小孩儿查理发生了矛盾，两人吵了起来。吵到后来，彼得不想再跟查理说话，便回来找自己的父亲抱怨。

一见到爸爸，彼得就滔滔不绝地诉说查理的种种坏处。巴菲特礼貌地打断儿子："不好意思啊，我现在正忙，能请你过会儿再来吗？"晚饭时，巴菲特问彼得："现在还需要向我抱怨吗？"彼得笑着说："不用啦，现在回想起来，那件事其实微不足道，不值得我生这么大的气。"

巴菲特见儿子"开窍"了，也很开心。他笑着对儿子说："这就对了，我之前没有听你抱怨这件事，是想让你独自冷静冷静，等气消了再说。"

愤怒的经理

为什么巴菲特希望儿子能平息怒气后再说话、做事呢？因为他知道，愤怒会扰乱我们的理智，可能让我们做出伤害他人、伤害自己的事情。

如果你不相信，可以看看下面这个故事：

某个建筑公司的经理来到工地检查工作，发现一个工人正坐在工地的砖头上玩手机。看到这个情形，经理的火气噌的一下就冒了上来。他愤怒地质问："现在是上班时间，你在干吗？"

工人抬起头惊讶地看着经理，一时说不出话来。虽然如此，他的手里仍然拿着手机，丝毫没有要把手机收起来干活的意思。经理的怒火更旺了，他大声呵斥："你不想干了吧！这个月工资多少？马上告诉我！"

工人迟疑片刻，回答：“3000。”经理马上写了一张 3000 元的支票塞进工人手里，并对他说：“你被解雇了，拿着钱赶紧滚，以后别让我看到你！”工人挠了挠头，转身快步走出工地。

没过多久，工地负责人来到工地向经理汇报工作。经理此时还在气头上，他不满地问工地负责人：“你是怎么管人的？一个工人上班时间坐在工地上玩手机，怎么没人管？”

负责人茫然地看着经理，似乎还没弄清楚状况。一个工人把事情经过告诉了负责人。负责人询问了那个工人的衣着和口音后，尴尬地对经理说：“这个人不是我们公司的工人，他是其他公司派来送材料的临时工！”

听了这话，经理差点儿气晕过去。3000 块钱就这么没了！

不做购物狂

妈妈带洋洋、露露去一家商场购物，正碰上商家举办“买 100 送 90”的活动。妈妈没考虑就买下了一个原价 300 元的书包，并拿到 90 元的代金券，这 90 元券却成了个负担，怎么用掉呢？母子三人上楼、下楼，也没找到刚好能用 90 元买下且特别中意的东西。没

办法，妈妈又掏出200元现金给露露买了件290元的牛仔外套，可手头又冒出一张代金券。那天，洋洋陪妈妈在商场连续“战斗”了一下午，终于花掉了所有的代金券，腿都走疼了，但心更疼啊，几小时“血拼”花掉了2000多元。

不过，一个星期后的周末，妈妈又来到这家商场，赫然发现之前买的书包、牛仔外套等都换了标签，书包210元，牛仔外套160元，他们上周不仅没得到一分钱的实惠，反而为了“折扣”搭进去了不少冤枉钱。妈妈还因此得到一个绰号，被爸爸戏谑地称为“购物狂”。

购物其实也是爱生活、爱自己的一种表现，但是前提还是要合理消费，超越了自身的承受能力和实用范围的“购物狂”式的消费并不值得提倡。如果一个人毫无节制地疯狂购物，不仅超过了自己的消费能力，带来了经济上的困难，而且消费时还会情绪过分高涨，不合理消费次数不断增加，由此制造的快乐很快又变成痛苦。“剁手族”“包治百病”“种草拔草”……当这些新词随着过度消费而产生，“购物狂”反映出的“冲动消费”问题，如何理性看待“购物”也逐渐成为引发全民思考的话题。

E 博士笑着问洋洋："你要不要做购物狂？"洋洋的头摇得像拨浪鼓一样说："当然不！"E 博士说："不想做购物狂就要在消费前多问自己几个问题：为什么要买？问问自己是否必须买这件东西，它合乎需要吗？自己的经济收入和财务状况能否负担得起；什么时间去买？何必非要追赶流行，流行的如果是有价值的，自然能经得起时间的考验，过后再买也不晚，价格可能已经下降，换季购买也是一个不错的办法。去哪儿买？同样的商品在街边店和大商场出售的价格差异是很大的，即使是同一地方的几家店铺，也要"货比三家"，不让自己吃亏。以什么方式去买？借着打折促销时机购物很好，但一定要看清，不要落入商家的陷阱。和什么人去买？如果自己是一个易冲动又不会砍价的人，不妨请一位购物高手做伴，看看人家是怎么精打细算、讨价还价的，和高手一起"血拼"，既不会多花冤枉钱，又能培养好的消费习惯。"

实战测试

消费陷阱

消费陷阱是一种经济和社会现象，其核心手段是诱导人们购买更多的商品和服务，以促进商家盈利。虽然刺激人们购买更多的商品和服务可以推动经济增长，但消费陷阱也可能导致人们过度追求物质财富和消费，以至于无法获得真正的幸福和满足感。

不想做购物狂就要在消费前问自己几个问题：

我问你答

人们为什么会冲动消费？

参考答案：多种多样的促销形式是顾客冲动购买行为的直接诱因。

巴菲特说

想要成功，先要学会信任

当自己的孩子们即将步入职场时，巴菲特都会教导他们要信任自己的同伴，因为这是取得事业成功的第一步。

巴菲特自己就十分信任合作伙伴。他曾经收购了一个家具公司，公司名叫内布拉斯加家具店。家具店的经理名叫 B 女士，是个特别优秀的领导者。巴菲特认为，这位 B 女士虽然没有接受过正规的教育，但特别适合经营企业。

巴菲特十分信任 B 女士，因此他在收购内布拉斯加家具店时，没有核对应收款项和相关资产，直接给了 B 女士 5500 万美元。他甚至都没有让 B 女士提交书面的公司发展计划，只是听取了她的口头汇报，就放心地把公司交给她。

最终，B 女士确实没有让巴菲特失望，她把公司经营得很好。这证明了巴菲特眼光独到，他信对了人。

一次互不信任的合作

信任别人可能给人带来成功和希望。相反，如果不信任伙伴，则可能给自己和别人带来损失，在严重的情况下，甚至可能毁了彼此。三只老鼠偷油吃的故事，正体现了伙伴彼此不信任而导致的后果。

某地有三只老鼠，来到存放油缸的库房里偷油喝。可是油缸又大又深，油在缸底，老鼠没办法轻易喝到油。经过商量，它们决定合作，具体方式是：一只老鼠拉着另一只的尾巴，一个接一个地倒挂着进入油缸里喝油。第一只老鼠喝过油后，换另外两个伙伴轮流品尝美味的油。

这个计划看似不错，但有一个问题：如果老鼠不信任自己的伙伴，就可能把伙伴抛下油缸，计划就会失败。事实也确实如此，第

一只老鼠由两位同伴吊着，先来到油缸里品尝油。可它才吃了一会儿，同伴就觉得它该上来了，换自己到缸里吃油。可这只老鼠觉得自己还没吃够，拒绝了同伴的要求。三只老鼠起了内讧，开始争吵。随着争吵越来越激烈，第二只老鼠松开了正在吃油的老鼠的尾巴，第三只老鼠也松开了第二只老鼠的尾巴，三只老鼠一起掉进了油缸里。对于它们来说，油缸太深太滑，它们根本爬不上来。

三只老鼠相互抱怨了几句，接着打了起来。最终它们全都溺死在这个油缸里。如果老鼠们互相信任对方，就能做到团结一致，就可以吃饱后满意地离去。

巴菲特说

站在对方的立场上看问题

我们和别人吵架时，常常抱怨：“你怎么不换位思考一下啊！”这里的“换位思考”，其实就是站在对方的立场上看问题。

人们如果能够在一定程度上拥有这种能力，生活就能好过得多。

巴菲特的小儿子彼得是个广告配乐人，可很多委托方认为他的音乐不太符合市场需求，与大家的审美不那么合拍。

如果彼得缺乏换位思考的能力，他一定会怒怼委托方：“你怎么知道我的音乐不行，你就是看我不顺眼！”

但彼得并不缺乏换位思考的能力，他决定去做调研，穿越大街小巷，在商店门口驻足，听听大家喜欢什么风格的音乐。

这些行动帮助了彼得，他发现了大家的欣赏偏好，于是改变了自己的作品。彼得用自己的换位思考能力，不但做出了大众喜欢的音乐，而且让双方的合作更加顺利。

启示故事

一封求职信

我们在生活中常常需要和别人交流，这样既可以增进彼此的了解，也能扩展社交范围，为自己赢得潜在的获益机会。可对很多人来说，和别人沟通、交流不是一件容易的事。

这是因为，在沟通过程中，双方很容易产生误会，导致双方的交流停滞甚至中断。有时候可能一句话没说好就会让人觉得很受伤。在这种情况下，如果双方具备比较强的换位思考能力，在沟通时多站在对方的立场看问题，沟通就会更顺畅。

有一家公司招聘秘书，在网络上发布了招聘信息。没多久，竞聘者们纷纷在信息下回复，希望能得到这个工作岗位。

老板盯着这些回复看了半天，不满意地叹了口气。原来这些信息的内容都差不多，无非是些“我今年 × 岁，毕业于某某学校。如果得到录用，我一定尽全力把工作做好”之类的空洞的回复。

后来，有一个竞聘者的回复引起了老板的注意。这条回复是这么说的：“您好，我相信您平时很忙，没空细读我的信息。如果您有很多处理不完的邮件，可以拨打我留下的电话，我很乐意过来帮您处理邮件。不用怀疑我的工作能力，我有 15 年秘书工作经验。”

老板很欣赏这位竞聘者，决定细看一下他的工作简历。在经过面试等考察环节后，这名竞聘者成功被录用。

这个故事说明了换位思考有多重要。一个擅长换位思考的人，更受其他人欢迎，也更容易获得好机会。

巴菲特说

树立积极主动的工作态度

有一次，巴菲特回到家乡奥马哈市，和当地孩子们交流。有个孩子问巴菲特：“人是不是只有拥有卓越的才华才会成功呢？”

巴菲特笑着回答：“卓越的才华当然很重要，可在我看来，做人做事时永远保持主动，才更有可能成功。”

怎样做事才算主动呢？

巴菲特的公司里有一个前台，平时做些简单的工作。在许多人眼里，这个工作可能缺乏技术含量，也缺乏发展前景。可这位前台不同，她把这份看似简单的工作做得十分出色。

这位前台工作非常用心，她记下了每个前来公司办事的人的名字。下次同样的人再来公司时，她可以叫出那个人的名字，这让大家都很喜欢她。

一段时间后，这位与众不同的前台被调到了开发部当秘书，工资提高了，职位也晋升了。

启示故事

用心·工作，做好细节

和许多年轻人一样，雷雷背上行李，怀揣着梦想来到北京，开始了自己追梦的“北漂”生活。可能是因为学历低，雷雷始终没有找到理想的工作。

他无奈之下只好来到一家餐厅，当一名传菜服务员。在工作中，雷雷总是带着些不情愿的情绪，这让他有时毛手毛脚，犯了一些错误。在一次摔坏盘子后，经理给雷雷下达了“最后通牒”：如果雷雷还是这个工作状态，就收拾铺盖走人。

经过几天挣扎和反思，雷雷逐渐收束了自己的心神。以前他总认为，当服务员没什么意思，这种破工作不值得珍惜。可如果被炒鱿鱼，自己的情况会更糟。因此雷雷开始在工作中投入更多精力，努力把这份“破工作”做好。

随着时间的推移，雷雷发现服务员这份工作不简单，有很多需要用心做好的细节，比如，怎么报菜名，怎么跟客人交流，怎么推荐新菜式等。他每天心里都想着怎么能把这些工作细节做得更好。

在不断琢磨和实践中，雷雷的工作能力提升了，心智也越来越成熟。同事和经理看他的眼神逐渐发生变化。

不久后，饭店推出了一道新菜。这道菜用铁板盛放，铁板非常重，常常把服务员们累得不行。雷雷琢磨了很久，决定采用一种滑步的方式上菜，这样既省力又能加快上菜速度，还可以吸引客人的眼球，真是一举多得。

经过多次练习后，雷雷开始使用自己的方法。虽然犯过一些错，但他还是得到了客人和经理的认可，成为饭店的“金字招牌”。

自己赚零花钱

周末休假，阳光明媚，正是出游的好时候。虽说刚立夏不久，气温却不低，洋洋想着公园有水有树，相对凉爽一些，便和 E 博士一起带露露去游玩。

大约是周末的缘故，来游玩的人特别多。他们远远地看到很多游人围着一对穿着汉服的小姐妹，还相互交谈，偶尔还会合影拍照。

露露看到漂亮的小姐姐，马上跑上前去，小一点儿的女孩举着一支棉花糖问露露：“喜欢吗？”小孩子见了有着可爱造型的糖果，哪有不喜欢的呀？更何况还是这么漂亮的小姐姐主动询问。露露立刻伸手去接那只美羊羊造型的棉花糖，小女孩却把糖举高了，告诉露露：“你喜欢的话，可以让家长帮你买。”露露听说，立刻对洋洋说：“哥哥，给我买一个。”洋洋走上前去，小女孩从手里的袋子里变戏法似的拿出好多支棉花糖，并且说：“这个 5 块钱一支。”洋洋随口说了一句：“超市里才卖 4 块呢。”这时候，旁边那个大一点儿的小女孩说：“你可以 20 块钱买 5 支，算批发价！”说着还拿出一个小纸牌说：“可以扫码付款。”洋洋一边扫码，一边打量这姐妹俩，大的十来岁的样子，小的才六七岁，竟然已经会做生意赚钱了。

一天，爸爸带露露坐地铁，爸爸向露露借了 100 元，露露起先不借，然后爸爸说借 100 还 200，露露还是无动于衷。直到爸爸说借 100 还 300，露露才两眼放光地答应了，一边将钱递给爸爸，一边反复强调：“爸爸，还300。”露露成功被高利息诱惑，把钱借给了爸爸。

大概半年过去了，爸爸一直没有还钱的迹象，露露看爸爸时的眼神中带着幽怨，时不时会噘着嘴说：“爸爸骗人，借钱不还。”终

于在露露第 5 次向爸爸讨债的时候，爸爸认为时机成熟了，露露已经受到了教训，便把钱还给露露。拿到 3 张 100 元的纸币，露露赶紧拿去藏了起来，生怕爸爸再次拿走。从那以后，别人再问她借钱，她都要多考虑一下，即使有高利息的回报，即使那个人是她很亲很亲的人，她也不再轻易借钱出去了。露露可能不懂风险这个词，但知道了钱借出去是有可能回不来的。

洋洋觉得自己每个月的零用钱总不够花，但是好朋友冬冬总有很多零用钱。原来冬冬特别勤快，在他开始懂事的时候，冬冬的父母就有意识地“训练”他自己的事自己做，后来冬冬还会主动帮大人做一些家务事，家长为了鼓励冬冬，也会根据他做的家务难易程度，适当地给他“报酬”作为他平时的零花钱。小孩子通过做家务从家长那里赚取一定的零花钱，这种情况在大多数家庭里都有过，每周打扫一次卫生，每次获得 5 元或 10 元的奖励。

洋洋认为这是一个赚钱的方法，于是自己拟定了一个做家务赚零花钱的协议和价目表，将各项家务明码标价，爸爸妈妈看过后也很赞同，他们签订了协议。从此，洋洋也变得勤快起来，他边起劲儿地扫地，边想自己又要有 5 元钱进账了。

实战测试

培养赚钱的能力

培养孩子的赚钱能力不仅仅是教会他们如何获得金钱，更重要的是通过这一过程来培养他们关于责任、价值和自我管理的意识。

培养孩子的赚钱能力是一个长期而系统的过程，它涉及金钱知识的教育、价值观的塑造和实践能力的培养。这不仅仅是为了孩子的个人发展，更是为了他们将来能够在社会中作出贡献、实现自我价值。

请将各项家务合理定价，并且记录一周做家务赚零花钱的收入：

序号	项目	价格	星期一	星期二	星期三	星期四	星期五	星期六	星期日	总计
1	扫地									
2	擦桌子									
3	洗袜子、内裤									
4	整理玩具、书本									
5	洗碗筷									

我问你答

青少年可以采用哪些赚零花钱的方法？

参考答案：可以做家务等赚零花钱。

巴菲特说

单纯碰运气的人往往一无所获

“股神”巴菲特的财富吸引了很多人的关注。相当一部分人认为，巴菲特和其他富豪一样，是因为运气好才能赚到这么多钱。

这种说法十分普遍，就连巴菲特的女儿苏茜对此都不陌生。苏茜常常听见别人谈论自己的父亲，大家都说她的父亲运气很好，才能赚这么多钱。

苏茜听着听着，自己都相信了这种说法。于是有一天她问爸爸：“老爸，你真的像大家说的那样，是个受到上帝眷顾的人吗？如果不是，你为什么能赚这么多钱呢？”

巴菲特听了苏茜的话后，笑着回答：“我的运气确实不错，但这是因为我一直认真对待自己的工作。一个人如果总是想着靠运气成功，他最终必定一无所获！”

巴菲特的工作是投资股票，他非常认真地对待自己的每一笔投资，所以才有如此杰出的成就。

启示故事

认真工作的发明家

爱迪生是美国著名的发明家。他带领自己的团队，发明、改良了留声机、电灯和电影机等产品，改变了人们的生活。在发明电子设备的过程中，爱迪生经历了许多挫折，但他成功克服了困难，取得了很高的成就。

我们不禁想问，爱迪生取得如此成就，是不是因为他的运气好？如果缺乏好运，爱迪生和他的团队大概就不会成功了吧？这个观点没有错。不只是爱迪生，每个人、每个集体想要成功，都需要好运相伴。人们都无法在厄运里获得成功，甚至无法在厄运中生存。可除了好运，爱迪生团队获得成功的原因还有哪些呢？看看他们改良电灯泡的过程，我们或许能找到答案。

1877 年，爱迪生团队开始着手改良电灯泡。这次改良的难度不小，最难的地方是在于确定灯泡的灯丝采用何种材料。爱迪生团队试过很多物质，从植物到矿物，可都没有成功。他们还试着用金属做灯丝，但实验以失败告终。

两年多的时间过去了，爱迪生团队还是没有找到合适的灯丝材料。尽管他们已经尝试了几千种物质，可就是找不到正确答案。为了尽快获得研究成果，爱迪生和他的助手们每天工作十八九个小时，长时间睡在办公室里，不可谓不拼命。

随着时间流逝，沮丧的情绪在团队里蔓延。大家纷纷认为，好运不在自己这边，再怎么认真工作都没用。但爱迪生依然认真对待工作，他坚定地带领助手们试验其他材料。

1880 年，爱迪生终于找到了合适的物质——竹丝，成功改良了电灯泡。他通过事实证明，坚持认真工作才是成功的关键。

巴菲特说

成功蕴藏在细节之中

巴菲特是个工作狂，对事业十分热衷。在工作中，他最看重的是细节。“股神”经常提醒自己的员工，一定要把工作里的每一个细节都做好。

对于能把工作细节做好的员工，巴菲特是比较看重的。有一次他的公司开股东大会，巴菲特设置了向股东提问的环节。

让股东回答的问题，巴菲特需要先想好写下来，开会时拿给股东看。巴菲特的想法是，随便裁剪几张白纸，把问题写在上面就可以了。

办这件事的文员非常用心，她不但做了一沓整齐漂亮的便笺，还在便笺上印上了公司的标志，写上了一些礼貌用语。

股东们非常喜欢这些细节感拉满的便笺，巴菲特留意上了这个注重工作细节的文员。后来公司需要一位新的办公室主任，巴菲特就让这位文员担任了此职务。

1 毫米之差

美国有一家生产牙膏的公司，其产品大受欢迎，赚了好多钱。10 年来，这家公司的营业额稳步上升，公司领导们乐开了花。

可不知什么原因，一年后公司销售业绩停滞不前，牙膏的神奇魔力仿佛即将耗尽，公司领导们感到“压力山大”，担心公司命不久矣。为了化解危机，让牙膏的销量重新上升，领导们想尽办法，但效果都不好。

公司挣扎了三年，其间试过许多办法，始终解决不了业绩止步不前的问题。难道公司就这么完蛋了？总裁不甘心失败，他再次召开会议，要求所有销售经理都参加。人多力量大，或许有人能想出拯救公司的点子。

会议期间，一个年轻的销售经理主动发言。他表示，自己手里有张纸条，上面写着自己的建议。不过这张纸条并非免费，公司若想得到这条建议，需要支付 5 万美元。

总裁思考片刻后提出：如果这条建议有用，公司就奖励这位年轻的销售经理 5 万美元；可如果建议没有给公司带来帮助，这位销售经理就得不到公司的奖励。销售经理想了想，同意了总裁的提议。

总裁发现这条建议很简单：把牙膏管口的宽度加宽 1 毫米，牙膏的销量就能好转。公司立刻调整了牙膏管的生产工艺，按照建议把管口加宽。第二年，公司的营业额果然提升了 32%，年轻的销售经理得到 5 万美元奖励。

一个小细节，怎么有这么大魔力？管口虽然只增加了 1 毫米，但每个消费者每天都因此多消耗了一点儿牙膏，日积月累之下，牙膏消耗增加了不少，公司的营业额自然就能提高了。

细节之所以重要，正是因为成功就蕴藏在细节之中。

巴菲特说

果断的人才能把握机会

巴菲特认为，做事果断的人才能把握机会，获得自己想要的东西。这位“股神”特别善于炒股和投资，其中一个秘诀是，果断地买入和卖出股票，不要犹豫。

大多数股民在卖出股票的时候都容易犹豫，担心自己卖出股票后，股价还是在涨，自己不就亏了吗?

巴菲特应该也有类似的顾虑，但他更相信自己制定的规则。他告诉自己，当优秀公司的股票市盈率达到40倍甚至更高时，就必须卖出。他认为，这时的股价已经远远超出了公司的内在价值，股价虚高了。价格虚高，就意味着一定会跌回属于自己的位置，所以必须卖出股票。

正是由于坚守自己制定的规则，巴菲特才能在卖出股票时毫不犹豫，果断地把握住了机会，最终赚到了大笔财富。

启示故事

果断决策

英特尔公司是一家美国企业，成立于1968年。这家公司主要生产电脑及其零件。随着人工智能技术的发展，这家公司逐渐调整自己的业务，把主要精力放在研究人工智能、大数据和5G技术等方面。

在电脑和数据行业，英特尔公司是一家实力强大的公司，其生产水平和营业收入多年位居全球同行业的领先地位。可以说在这个行业，英特尔是个名副其实的“巨无霸”，连非计算机行业的人都听说过英特尔的大名。

英特尔虽然取得了许多非凡的成就，但成功之路并非一帆风顺。这家公司的第三任首席执行官名叫格鲁夫，他上任后遇到了很多麻烦事。当时，日本的电子产品物美价廉，受到大家的青睐。

日本的电子产品进入美国后，受到美国消费者的热切追捧，美国本土公司的电子产品自然就“失宠”，销量迅速下滑。英特尔公司是这次冲击的受害者之一，他们制造的芯片卖不出去，公司亏惨了。

该怎么办呢？格鲁夫陷入迷茫中。然而他是个做事雷厉风行的人，很快就决定：放弃公司的主营业务存储芯片，把主要力量集中到计算机微处理器的研制上。

对英特尔这样的大公司来说，下命令容易，执行起来可就难了。转变公司的主要经营方向，领导层需要付出很大代价，员工也可能面临失业。公司可能在动荡中重生，也可能在动荡中逐渐没落。

格鲁夫顾不了这么多，他只知道这时候如果犹豫不决，瞻前顾后，公司就会错失自救的机会。在他果断的决策和领导下，英特尔最终走出困境，成为微处理器领域的全球霸主。

如何投资？

洋洋抱着沉甸甸的存钱罐向 E 博士炫耀：“E 博士，你看，我这存钱罐都装满了，我打算用这些钱搞投资。”E 博士笑着点头说：“嗯，是时候给你上一堂投资课了。”

E 博士说：“随着人们创造的财富越来越多，手中有了多余的钱，人们就产生了投资的想法，投资之所以可以让钱生钱，就是因为这些钱投入了财富的创造之中。人们可以将它们存入银行，也可

以用来购买股票或者债券。”

存入银行的钱会被银行用来发放贷款，也就是被需要用钱的单位和个人使用，当然使用不是无偿的，他们需要支付贷款利息。我们通过银行存款可以获得存款利息。

政府、企业、银行等机构在需要用钱时可以向民众借钱，也就是发放债券，然后用这些钱开展经济活动。在用钱创造出更多的财富后，银行和其他借钱的机构在还款时就要多还一点儿，这就是利息。我们通过购买债券可以获得债券利息。

人们购买了公司的股票就成了公司的股东，公司可以通过发行股票来扩大规模。如果股价上升了，卖出股票后，一下就可以赚到好多钱。反之，如果股价下跌了，钱就会变少，也就是财富缩水了。

洋洋问：“股票的价格由什么决定，买什么股票能赚钱呢？”

E博士说：“股票的价格要看股市的行情和公司的发展情况。人们买卖股票，可能赚钱也可能赔钱，这种不确定性就是投资的风险！”

俗话说“不要把鸡蛋放到一个篮子里”，讲的就是要学会分散风险的道理。人们在购买股票时，往往会买不同公司的股票来分散风

险。这样，即使一家或几家公司的股票下跌，只要其他公司的股价保持不变或上涨，合起来就不会损失太大，甚至还能赚钱。人们还可以请专业的投资机构来帮忙进行分散化的投资。

听了E博士的描述，洋洋的眼中充满了向往，再看看自己的存钱罐，洋洋又泄了气："我总共就这么点儿钱，投资也没什么用啊！"E博士说："投资贵在坚持，假设你只有1000元，这些钱是本金。如果每年通过投资获得的收益是本金的十分之一，刚开始时，因为本金比较少，所以只能获得较少的收益，但是这些收益也会变成新的本金，更多的本金就会得到更多的收益。就这样，之前的收益可以用来赚取新的收益，这就是复利，也叫利滚利。只要有了新的收益，就可以按计划拿出一部分钱进行投资，就像滚雪球一样，资金的积累速度会越来越快。"

实战测试

银行靠什么盈利

银行是通过为客户提供金融服务和金融市场交易来盈利的。其盈利来源包括利息差、手续费及佣金差、证券投资收益、办理保险收取的保险费、租赁业务，以及其他业务收入。银行还可以通过其他业务来增加利润，如向客户提供外汇兑换、信用评级、资产管理等服务，收取一定的手续费和佣金。此外，银行还可以通过出售理财产品、提供咨询服务等方式来获得更多的收益。

洋洋将1000元用于投资，每年通过投资获得的收益是本金的十分之一。洋洋将每年的收益全部并入本金，假设收益稳定，请帮洋洋算算30年后这笔钱将变成多少：

5年后：________________

10年后：________________

15年后：________________

20年后：________________

25年后：________________

30年后：________________

我问你答

如果收益稳定，资金的积累速度为什么越来越快？

参考答案：就像滚雪球一样，越滚越大。

巴菲特说

攀比是一种毒药

“股神”有一句充满智慧的格言：物质上的攀比往往是心理不平衡制造的种种压力和借口。

这句话可以理解为：攀比的背后，隐藏着委屈、虚荣和不甘。这些情绪感受才是攀比的源头。

攀比是一种毒药，让我们无止境地花钱，消耗着我们的时间和精力，浪费着我们的生命。巴菲特有钱后，没有大肆购买豪车、名牌衣服和手表，他喜欢开着自己平平无奇的旧车上路，吃普通的汉堡，喝不起眼的可乐。

他不喜欢和别人攀比，不愿意用自己的财力向别人证明“我比你们强”。

乔布斯在斯坦福大学的毕业典礼上提到，时光是有限的，所以不要把时间浪费在别人的生命中。我们不由自主地去跟别人攀比，不就是把时光浪费在别人的生命中吗？

启示故事

石崇、王恺斗富

司马懿的后代结束三国乱世，统一全国，建立了西晋王朝。在这个朝代，很多贵族都喜欢攀比、炫富，生怕别人不知道自己有钱。

皇上有个舅舅名叫王恺，他最喜欢炫耀自己的财富，想要把别人都比下去。这位国舅爷实在太有钱了，让仆人用糖水洗碗，也不担心招来蚂蚁；他用一种名叫赤石脂的名贵药材刷墙，引来众人羡慕的眼神。

看到国舅爷如此炫富，一个名叫石崇的人坐不住了。石崇坚信自己比王恺更有钱，所以不惜血本，想要击败他。王恺不是用糖水刷碗嘛，太寒酸了，石崇拿蜡烛当柴烧。王恺用赤石脂刷墙，石崇就给家里的墙壁刷上花椒。

见两位朝臣如此攀比，皇上坐不住了，他暗自思量：想不到如今朝廷的攀比之风如此盛行！不行，我一定要出手……帮舅舅赢！心动不如行动，皇上送给舅舅一棵两尺多高的珊瑚树，他认为这次舅舅一定稳赢了。

王恺把皇上御赐的珊瑚树给石崇看。石崇冷笑一声，掏出铁如意就把珊瑚树砸了个稀巴烂。王恺急忙怒喝："这么贵重的宝贝你也敢砸！"石崇微微一笑，对仆人打了个手势。没过多久，一棵三四尺高的珊瑚树出现在王恺眼前。石崇满不在乎地对王恺说："国舅爷，这样的珊瑚树我家多得是，我早就腻了，这棵就赔给你吧！"

王恺郁闷地低下头，他是真没想到啊，这样还能输！

话说回来，为什么西晋这些贵族喜欢攀比呢？他们的目的其实很简单，想要获得一种感觉：我比你们都强！这是一种完全不可取的虚荣心。

巴菲特说

计划着花钱

巴菲特是一个比较简朴、对花钱没什么欲望的人。

可许多人和巴菲特不同，他们希望自己有朝一日能不受限制地花钱，肆无忌惮地享受生活。

然而，花钱是个无底洞，就算你非常有钱，买下了全世界最贵的东西，可不久之后，更贵的东西又会出现。然后你再买，再出现，再买……

总有更贵的东西会出现，但一个人的财富是有限的，总有挥霍完的一天。所以我们需要担忧的，并非是自己赚得不够多，而是花得太厉害。

节约是一种美德。可盲目节约、无底线省钱，又容易变成一种吝啬和短视，让自己不开心。

该怎么办呢？有计划地花钱，计划一下自己每个月大概花多少钱，量入为出是个不错的选择。

启示故事

苏东坡花钱有计划

苏东坡是我国北宋时期著名的文学家和书法家。他的一些作品到现在广为流传，关于他的艺术形象也十分常见，他在我国的知名度很高。可以说，苏东坡的作品是我国传统诗文艺术的代表之一。

他不仅是个文人，也是位官员。苏东坡曾长时间在地方任职，担任过一些地方的知州，其职位大约相当于如今的市长。在朝廷中，他担任的最高官职是礼部尚书，这是个从二品的高官。

北宋朝廷厚待文人，给文官的工资比较高。苏东坡文才卓绝，在字画方面可能也有一些收入。我们可以推测，他在这个时期的收入应该挺不错。

可就算是苏东坡，也有日子过得不顺的时候。1079 年乌台诗案爆发，苏东坡遭遇政敌攻击，被贬到黄州为官。遇上这种事，苏东坡感到很难过。他不知道自己的未来会怎样，也不确定自己是否还有机会为国尽忠。

还有一件事让苏东坡苦恼，那就是钱。在黄州当官的收入与之前在地方担任知州的收入无法相比，他自己也不知道会在黄州待多久，因此在日常花费这件事上必须谨慎，得捂紧自己的荷包计划着花钱。

秦观是北宋另一位著名的词人和官员，也是苏东坡的好朋友。苏东坡在写给秦观的信中提到："初到黄，廪入既绝，人口不少，私甚忧之。但痛自节俭，日用不得过百五十，每月朔取四千五百钱，断为三十块，挂屋梁上，平旦用画叉挑取一块。"

这段话的意思是，我刚到黄州，食物比较匮乏，我家的人口又多，因此只能减少日常花销。该如何计划着花钱呢？苏东坡用了这个方法：

他把一年的收入分成12份，每个月只花其中一份钱。后来，他又把每个月计划的花费分成30份，每天花1份。如此有计划的消费，加上自身豁达开朗的性格，帮他熬过了最艰难的时光。

不是所有人都善于有计划地花钱，可人们必须承担肆意花钱的代价，无法逃避。如果你还愿意爱惜自己，就请制订花钱计划吧。

巴菲特说

请根据预算花钱

巴菲特的女儿苏茜搬家时，发现自己买来的 12 双鞋和 9 个包从来都没有用过。

她懊恼地发现，自己买这些东西的时候很开心，可买回家之后就没怎么用了。现在要搬家，只好把那些东西扔掉。

这些多余的包包和鞋子，显然是苏茜想要但并非必需的东西。从节约的角度来看，她确实浪费了自己的钱，她或许可以考虑，下次买东西时别买那些只是想要而非必需品的东西。

巴菲特曾经告诉过女儿，需要根据自己的预算来花钱，不能放纵自己，陷入花钱无度的陷阱。偶尔花点小钱讨自己开心没问题，可如果造成太多浪费，就不对了。

看着自己从来没用过的包包和鞋子，苏茜或许后悔自己没有接受父亲的忠告。

所以我们在买东西时，请根据预算花钱。

启示故事

阿亮的悔恨

阿亮来自偏远的农村，父母都是靠种地为生的农民，收入有限。阿亮很懂事，他总是积极帮父母种地，也时不时替家里分担家务，让爸妈不那么辛苦。在一家人的共同努力下，日子虽然贫苦却充满希望。

高考时阿亮取得了非常好的成绩，顺利考入一所重点大学。阿亮非常自律，没有因为考上大学就放松下来。他常常到图书馆自习，把自己应该掌握的知识学得非常到位。大学毕业后，阿亮凭借在校期间优异的学习成绩和表现，进入一家实力雄厚的金融公司上班。

工作后的阿亮自然还是非常努力，为了把事情做好，他非常拼命。可他毕竟是新人，许多细节问题都不太懂，这让阿亮有些苦恼，幸好这时森哥出现了。森哥是这家公司的老员工，对业务细节非常熟悉，工作能力也很强。在他的帮助下，阿亮顺利度过了新人适应期。

阿亮很感激森哥，两人慢慢成了朋友。森哥和阿亮一样，也是名校毕业。不同的是，森哥家境优越，日子过得非常滋润。和森哥在一起后，阿亮也逐渐出入各种高档的消费场所，过上了花钱大手大脚的日子。

冷静下来之后，阿亮总觉得这样花钱太奢侈了，必须省着点花，否则自己的财务状况会受到冲击。他把自己的顾虑告诉森哥，森哥拍拍他的肩膀安慰道："休息时就该好好玩，这样可以放松自己，工作时才能为公司创造更多价值。好兄弟，你我都是有本事的人，所以挣的钱才这么多。既然如此，就不要辜负自己用才华挣的钱，好好享受属于自己的生活吧！"

"森哥说得很对啊！"阿亮这么告诉自己。这次谈话后，他更加肆无忌惮地花钱，把自己定的预算完全抛诸脑后。几个月后，阿亮忽然发现自己已经欠了不少钱，这些负债超出了他的还款能力。

森哥也遭遇了同样的困扰。两人坐在路边台阶上，后悔自己的所作所为，感慨他们当初应该计划着花钱才对。

这种无节制乱花钱的情况并非个例。晚年时，胡适的心脏病反复发作，他渐渐难以承受医药费。不知道如果时间能够倒退，胡适是否愿意根据自己的预算花钱。

在乱花钱方面胡适还算是好的，法国著名作家巴尔扎克更是负面典型。他酷爱奢侈品，喜欢购买意大利铜器和金质鼻烟盒，这些都花了他不少钱。最要命的是，他喜欢坐着装饰有贵族纹样的马车到处炫耀，满足自己的虚荣心。在持续挥霍下，巴尔扎克的债务积累得越来越多。直到他去世，债务都没还清。

财富元宇宙
知识课堂

做一个理性的消费者

E 博士和洋洋带露露去吃早餐，看着街上各种风味的早餐店，露露最终被小笼包吸引了。兄妹二人叫了一屉小笼包，很快就吃完了。他们觉得意犹未尽，露露舔着嘴唇说：“真好吃！再来 20 个我也能吃光！”E 博士来不及阻止，洋洋就又叫了两屉小笼包。可是，他们犯了眼大肚子小的毛病，新上桌的小笼包已经失去了吸引力，露露皱着眉头说：“哥哥，我实在是……嗝……吃不下了。”洋洋看

着手上的包子也下不去嘴了，没办法，只好将剩下的小笼包全部打包回去慢慢吃。

洋洋抱着两大袋包子陷入了思考：一开始觉得小笼包特别好吃，结果现在呢，不仅觉得小笼包不好吃了，甚至一提小笼包就想吐，这是为什么呢?

E 博士耐心地解释道："人们的消费体验通常有这样的特点：刚开始时，快乐感会非常强，随着消费数量的增加，快乐感就像长了腿一样跑掉了。这就是'边际效应递减'规律。如果从一种消费上获得的快乐可以一直增加，人们的消费就会变得很单一。虽然人们有各自的消费偏好，但单一消费的快乐感通常难以持续，因此人们的消费需求是非常多样的，所以人们才会一直买买买。比如，洋洋和露露现在吃腻了小笼包，吃包子的快乐减少了，却产生了吃冰激凌的欲望。洋洋看到促销条幅上写着'买二赠一''第二个半价'，觉得买二赠一更划算，结果得到了 3 个冰激凌，E 博士不吃，多出来的一个反倒成了累赘。"

E 博士说："我们应该在消费中保持理智，像精明的计算机一样，但这其实很难做到。我们来到商场购物，是想买自己当前需要

的商品，还想以最高的性价比买到物美价廉的商品，但是我们的购物欲望不知不觉地被‘操控’。如今网上花呗、借呗、信用卡、贷款等透支消费产品很多，对花钱没有克制和计划的人，一不小心就会沦为‘金钱的奴隶’！”

贪便宜是常见的消费心理，所以商场会故意给一些商品定超低的价格来吸引消费者，并且让消费者产生“这个商场里卖的东西都很便宜”的错觉，这叫作“晕轮效应”。可实际上，人们被吸引进商场后，并不会只买超低价的商品，如果禁不住“满减”“有买有赠”等促销活动的诱惑，就会在冲动之下买许多并不便宜的商品。

无论是在商场还是超市里，亦或是网络购物平台上，很多商品的价格都以 9 结尾，这会让消费者感觉价格很低。99 元看起来是两位数，但实际上只比 100 元少了 1 元钱。有时，商家为了让消费者觉得商品价格合适，会故意给差不多的两个商品定悬殊的价格，比如，两条花纹略有不同的丝巾一条定价 199 元，另一条定价 399 元，人们会觉得花 199 元买到 399 元同等品质的丝巾是捡到了便宜，却不知那条 399 的丝巾根本就不是用来卖的，而是用来提高消费者心中对 199 元的围巾的价格预期的。

实战测试

经济学里的“理性人”

经济学里，“合乎理性的人”这一假设通常简称为“理性人”或者“经济人”。理性人是对在经济社会中从事经济活动的所有人基本特征的一般性概括。其基本内容是：每一个从事经济活动的人都是利己的。也可以说，每一个从事经济活动的人所采取的经济行为，都是力图以最小代价去获得最大经济利益，就是能够合理利用自己的有限资源为自己取得最大的效用、利润或社会效益的个人、企业、社会团体和政府机构。

请叙述商家的促销手段有哪些：

我问你答

举例说明什么是边际效用递减规律。

参考答案：比如文中的吃包子。

巴菲特说

远离信用卡

巴菲特告诉孩子们：年轻人要想实现财务独立，就要远离信用卡。他认为，对任何人来说，负债都是一件很可怕的事。世界上很多人会写信给巴菲特，他非常同情一些来信的贫苦人，因为他们有好多还不起的债务。巴菲特从贫苦来信者的经历中看出，一个人的负债如果超出了自己的偿还能力，这个人就会在生活中落后，而且很难赶上其他人。

在巴菲特看来，信用卡正是造成这种负债的可怕因素之一。使用信用卡时，人们无法直接感受到金钱在流失，心中不会产生强烈的节约意识。时间一长，信用卡就会激发一部分人大肆消费的冲动，最终可能会把他们拖入深渊。

因此人们不仅要远离信用卡，还要加强自己的冲动控制能力。如果无法控制自己的冲动，可能会产生严重后果。

启示故事

难以遏制的冲动

我国西汉时期出现过一段经济繁荣、国力昌盛的时期，人们称之为“文景之治”。这段盛世来之不易，由汉文帝和汉景帝父子俩共同造就。

我们相信两位皇帝有非常优秀的一面，但并非完美。汉景帝刘启是一个冲动、情绪控制能力非常差的人，他曾经因为无法控制愤怒，对一个人痛下杀手。

那时刘启还是太子，与吴王刘濞（pì）的儿子刘贤同在都城生活。有一次，他们相约一起下棋，没想到，一场横祸降临在刘贤头上。两人大概都是心胸不太宽广、脾气还比较火暴的人。估计是下棋的时候出了岔子，两人一言不合就吵了起来。不知道刘贤说了什么难听的话，反正刘启这暴脾气压不住了。他举起沉重的棋盘砸向刘贤……

杀人偿命，这是刘启的祖宗刘邦定下的规矩。刘启是皇太子，吴王当然没办法让他偿命。可爱子惨死，吴王一直怀恨在心。后来他挑起“七国之乱”，公然与已经成为皇帝的刘启为敌。

这场动乱持续三个月，虽然动乱最后被周亚夫平定，却消耗了文景之治积累的三成国库储备，更迫使朝廷推迟了反击匈奴的战略计划。正如司马光在《资治通鉴》中所评：“景帝之失，在不能制怒于樽俎之间，致烽火燃于庙堂之上。”

所以，一个人应该学会控制情绪，减少愤怒，避免冲动的行为。

巴菲特说

借钱生钱不可取

美国石油大亨洛克菲勒认为，借钱生钱是赚取财富的必要途径。巴菲特却不这么认为，他告诫自己的孩子们，不要随意借债。

“股神”的投资过程，主要是收购各种各样的优质公司。在他看来，公司自然是负债越少越健康，也就越值得收购。

他看上了两家公司，它们每年的利息支出只占营业收入的 8% 和 7%。从这些数据可以看出，这两家公司的债务比较少，不是那种依靠借钱生钱、非常依赖外债来维持生存的公司。

这两家公司很有名，分别是可口可乐公司和箭牌公司。两家公司盈利能力这么强，负债还这么少，巴菲特毫不犹豫就把它们买了下来。

他靠着自己稳健的经营策略，让公司健康发展，自己也赚了很多钱。可见，一家公司想要持久生存，确实不可负债过多。

启示故事

约翰的破产之路

约翰是英国伦敦人，从小家境还可以。他爸爸在他小时候经营着一家五金厂。由于种种原因，父亲没能把五金厂的规模扩大，约翰一家的收入始终没有实现飞跃。

对于当时还是个孩子的约翰来说，印象最深的一幕是：妈妈不开心时总数落爸爸，说他胆子不够大，不敢冒险扩大工厂的经营规模，所以一直都无法挣大钱。每当这时爸爸总会回嘴："可不能随便借钱扩大生产，万一亏了怎么办？"妈妈也总是摆出一副不服气的表情回答爸爸："借钱生钱一样能致富，你怎么就不明白呢！"

这时约翰好想快点儿长大，因为那样就可以挣好多钱，既让妈妈开心，也可以弥补爸爸的遗憾。时间过得飞快，一转眼三十多年过去了，约翰只是一个普通职员，根本没能挣大钱。

“我这辈子还有暴富的希望吗？”约翰常常对着墙壁发呆。几年后机会来了，约翰下班路过彩票店时，顺手买了注彩票。他的运气很好，中了特等奖，收获不少奖金。可手里拿着巨款，约翰却感觉不到兴奋。

“这只是运气好，不是我凭实力挣的钱！”约翰告诫自己，一定要亲自挣到大钱才行。他把巨款投进股市，疯狂地买入股票。可没几年就赔了个底儿朝天，中奖得到的钱已经所剩无几。约翰不信邪，又找富有的舅舅借了不少钱。他对自己说：“小时候妈妈总说借钱生钱一样能致富！我能行的！”

约翰再次疯狂地买入股票，可没过几年借来的钱也赔光了，他欠了舅舅好多钱。约翰非常后悔自己曾经那些“借钱生钱”的想法。

巴菲特说

在自己能力范围内生活

在某个周末下午的聚会上，苏茜的一位朋友闪亮登场。她身着一件无袖背心，背心上点缀着块块亮片，若隐若现的光芒让她仿佛身在梦境中。

朋友的左手腕上套着几圈手环。这几圈手环和无袖背心上的亮片发出的亮光默契地相互闪烁着，似乎是主人最热情的密友在对着主人窃窃私语。

在这身装束的映衬下，这位朋友毫无疑问地成为此次聚会的焦点。这身装束虽然好看，但朋友只花了不到 100 美元。

两人私下聊天时，朋友对苏茜坦言："我会在自己的能力范围内生活。"这一刻，苏茜忽然能够理解：其实就算没那么多钱，我们也一样可以把自己的生活过得很精致、闪亮。

只要人们愿意花时间和精力去经营生活，平凡的生活一样可以多姿多彩。

启示故事

明明的“新”家

“我要是能住上这么豪华的房子就好了！”每次到同学晓锋家玩，明明总会不自觉地想。看着晓锋家豪华宽敞的别墅、高雅精致的装修，明明心里好羡慕。

明明和晓锋是同班同学，两人从小学到初中都是好朋友。晓锋的父母都是商人，他家公司的产品不但畅销全国还出口海外，公司的经营状况非常好。晓锋一家的物质条件自然非常优渥，他们过上了品质优越的生活。

与好友相比，明明家的物质条件逊色一些。他的父母虽然有稳定的工作，但都是普通职员。在明明看来，他们一家住在普通小区里的一套普通套房里，过着极为普通的生活。虽然不算贫困，但和晓锋奢华的生活相比，差距很明显。

明明心里总装着这件事。一次聊天中，他对晓锋说出了自己的心事。晓锋听完明明的讲述后哈哈一笑：“我家没有你想得那么好，毕竟每个家庭都有自己的烦恼嘛！有些东西只是你不知道罢了。过好自己的日子才是最重要的。”

听完晓锋的劝导，明明似懂非懂地点点头，心中却还是非常在意这件事。

放暑假时，明明一家到外地旅游。在路上，他把自己的心事告诉哥哥。“其实，我有一个办法！”哥哥若有所思地沉默了一阵告诉明明。听哥哥这么说，明明心中闪过一阵期待，他很想知道哥哥的办法是什么。

哥哥告诉明明，每个家庭的物质条件不同，这是由很多因素共同作用形成的。作为孩子没有办法挣钱，可以试着接受自家现有的物质条件，在目前的基础上让自己的生活环境更加丰富多彩。

“道理我知道，可是该怎么做呢？”明明不解地问。哥哥神秘地笑着回答：“旅游结束我们回到家后，我和你一起解决这个问题。”

从外地回到家后，哥哥带着弟弟买了许多装饰材料，把家里装饰一新。明明惊喜地发现，这好像不再是那个熟悉的家，而是变得漂亮了。墙上遍布着可爱的卡通人物和闪烁着五彩光芒的小灯；地上放着柔软舒服的小沙发，明明躺在里面看着新贴上的窗户贴纸，心里美滋滋的。

人们只要有心，依然可以在自己的能力范围内和现有条件下，把生活过得很好。

把钱存进银行也能赚钱吗？

洋洋参加数学竞赛得了一等奖，爸爸妈妈和爷爷奶奶都给洋洋发了奖励红包，洋洋拿着这笔钱乐得合不拢嘴。E 博士对洋洋说：“你在银行开个账户，把钱存进银行吧。这样不但可以保证本金安全，还能得到利息。不过你还未成年，要家长帮助才能开账户。”

洋洋欣然接受了 E 博士的建议，他们一起来到街上，附近有

好几家银行，应该选择哪家银行呢？在大多数人的心目中，钱存在哪家银行，区别并不会太大，实际上银行与银行之间存在较大的区别。比如，中国银行、中国建设银行、中国工商银行、中国农业银行是我国知名的四大行，这 4 家银行具有雄厚的资本，将钱存在这 4 家银行，不需要担心银行倒闭的情况出现，可以从根本上保障自己的存款安全。无论选择哪家银行存钱，都要注意安全性和合法性，确保自己的资金安全并遵守相关法律法规。

最传统和常见的存款方式是通过银行柜台进行存款，我们只需要携带有效的身份证件和现金到银行柜台就可以办理。我们在银行工作人员的指导下填写存款单并确认存款金额，根据实际情况选择存款期限，不同的期限对应不同的利率。

随着科技的发展，现在越来越多的人选择通过 ATM 机进行存款。这种方式可以 24 小时操作。你只需在 ATM 机上插入银行卡，并选择存款功能，按照提示输入密码，然后将现金放入存钞口即可。这种方式操作简单，非常方便快捷。

对于经常使用网络的人来说，通过网上银行和手机银行进行转

账存款是一种非常便捷的方式。这种方式可以让人们随时随地存取款、查看账户余额和交易记录。

洋洋存钱时得知，现在银行利率已经普遍下调了。洋洋问E博士："银行存款利率为何下调？以后我们的钱还存入银行吗？"

E博士说："银行存款利率下调的原因很复杂。央行降息虽然不是直接降低存款利率，但会对存款利率产生影响。在央行降息等因素的影响下，贷款利率会下调，贷款利率的下调会使银行存款利率下调。特别是经济增长放慢，会导致社会融资需求减少，银行手中的钱贷不出去。为了把更多的钱贷出去，银行会倾向于主动下调贷款利率，同时也会下调吸收存款的利率。

实战测试

如何应对银行存款利率下调

对于普通人来说，应对银行存款利率下调可以考虑以下几种方式：如果对资金的流动性要求不高，可以考虑将资金投入长期储蓄或投资产品中；可以比较不同银行的存款利率，并选择利率较高的银行进行存款；关注市场动态和政策变化，如果预测利率将继续下降，可以考虑提前锁定较高利率的金融产品或调整投资策略。我们需要学习更多的理财知识，了解不同的投资工具和风险管理方法，还可以考虑将资金分散投资到不同的金融产品中，如债券、股票、基金等，以获取更高的收益。

请调查一下不同银行不同期限的存款利率：

	中国银行	建设银行	工商银行	农业银行	交通银行
活期					
一年期					
二年期					
三年期					
五年期					

我问你答

我国四大国有商业银行包括哪些？

参考答案：中国工商银行、中国农业银行、中国银行、中国建设银行。

用巴菲特的财富思维 玩转元宇宙

1849 年美国出现淘金热，真正发财的是李维斯（卖牛仔裤）和富国银行（运黄金）。可能有很多人不理解，为什么呢？我们可以引用巴菲特在谈及当今火热的元宇宙时说的一句话："别管虚拟世界多炫，先看看谁在卖铲子。"巴菲特认为元宇宙和 1950 年的奥马哈杂货铺没啥区别，只需记住三个关键词——收门票的、卖铲子的、修路的。

元宇宙在巴菲特眼里就是个超级主题乐园，他的策略永远是——

· 买下最赚钱的旋转木马（平台）

· 投资所有卖棉花糖的摊位（基础设施）

· 趁停电检修时五折收购摩天轮（安全边际）

· 忽略那些号称能飞到火星的磁悬浮拖鞋（概念炒作）

• 巴菲特法则1：专买"收门票的"(护城河企业)

现实案例：

巴菲特投资可口可乐的逻辑很简单——全世界人喝可乐都得给他交"口水税"。就算你发明了"元宇宙快乐水"，只要大家上瘾，他就躺着赚钱。

同步元宇宙：

如果 Meta 的 VR 眼镜必须用"扎克伯格牌电池"，换一次电池交 5 美元，那卖电池就是巴菲特眼里的好生意。

实战测试：

如果你在元宇宙里开奶茶店，哪种模式能让巴菲特点赞？

A. 发明喝了会长彩虹翅膀的神奇奶茶

B. 垄断所有虚拟吸管专利，每吸一口交 1 毛钱

答案：B！因为翅膀奶茶可能被抄袭，但吸管是刚需（护城河更深）。

- **巴菲特法则2：只投“卖铲子的”(基础设施)**

现实案例：

巴菲特重仓苹果，因为 iPhone 是移动互联网的铲子。

同步元宇宙：

如果 Meta 的 VR 头盔像 iPhone4 一样颠覆体验，就算元宇宙暂时没普及，卖铲子的已稳赚。

巴菲特的逻辑就是，他投资的 Snowflake（云数据公司）就是元宇宙的水泥厂，管你盖宫殿还是茅房，都得买它的数据砖头；他投资的 Verisign（域名安全公司），就是元宇宙里的镖局，专门护送你的数字财产。

实战测试：

海底捞（平台）赚不过颐海国际（底料供应商）。按照巴菲特的逻辑，在元宇宙的世界里，投资给哪种企业更赚钱？

A. 移动互联网公司

B. 芯片、云服务公司

答案：B！因为芯片、云服务就如火锅底料公司，投资更为稳妥。

- **巴菲特法则3：专捡“打折年卡”(安全边际)**

现实案例：

巴菲特在 2016 年精准抄底苹果，就像在暴雨天低价收购隔壁倒闭大排档的桌椅——等晴天转手就赚。2022 年 Meta 股价腰斩时，巴菲特逆势增持。

同步元宇宙：

巴菲特的这种行为相当于元宇宙过山车没人坐时，他低价收购零件。

实战测试：

元宇宙房产中介忽悠你：“这片虚拟海滩明年涨 10 倍！”巴菲特会怎么选？

A. 梭哈贷款（多人共同向银行贷款）

B. 查它过去 5 年租金回报率

C. 先去捡旁边打折的虚拟遮阳伞工厂

答案：B+C！海滩可能变鬼城，但遮阳伞在哪都能卖（现金流优先）。

- **巴菲特防骗指南：元宇宙韭菜别想割我！**

经典翻车现场：

1999 年巴菲特拒绝投资互联网，被嘲笑是老古董。结果 2000 年互联网经济泡沫破裂，他笑着说："我只在舞会结束时捡水晶鞋。"

元宇宙避坑三式：

1. 不碰看不懂的 DJ 打碟机（能力圈）

真实事件：巴菲特承认看不懂比特币，哪怕涨上天也不碰。

元宇宙应用：如果你分不清 NFT（一种数字凭证）和 ETF（一种基金形式），宁可去投看得懂的虚拟收银机（支付系统）。

2. 远离杠杆蹦极（拒绝借钱）

血泪史：2022 年比特币暴跌，加杠杆的投资者走上绝路。

巴菲特式冷静：他投资的动视暴雪用了 0 负债，就像用自有资金开游戏厅，不怕断电歇业。

3. 警惕元宇宙诈骗（伪需求）

搞笑案例：某元宇宙会议软件，开会 5 分钟，修虚拟西装 2 小时——这就是巴菲特说的"解决不存在问题的公司"。

实战测试：

当你看到这些元宇宙项目，哪个会让巴菲特掀桌子？

A. 用区块链技术追踪三文鱼产地

B. 虚拟宠物狗结婚收彩礼

C. AR 眼镜帮助外科医生做手术

答案：B！因为 A 解决食品安全（真实需求），C 有医疗价值，而 B 可能只是割韭菜。

- **"财富元宇宙"终极测试：**

材料：凌晨两点，元宇宙美食街上飘着诡异的数据流香气。左边是中本聪寿司店（只收比特币），右边是马斯克火星大腰子（用狗狗币打八折），中间突然竖起一块复古灯牌——沃伦炭火哲学烧烤，巴菲特老爷子系着虚拟围裙，手持数据化蒲扇，冲你咧嘴一笑：

“年轻人，元宇宙的烤串和华尔街的 K 线图一样，想烤得外焦里嫩，记住三把火候——护城河炭、安全边际酱、长期主义孜然。”

如果你也在上面这幅元宇宙的场景中，发挥你的想象，并结合巴菲特的财富思维，作答以下题目：

1. 当元宇宙美食街出现以下情况，巴菲特会怎么做？

A. 隔壁摊主用杠杆贷款扩大店面

B. 网红推出吃完就变 NFT 的量子烤鱼

C. 用 20% 的利率向你借 USDT（一种虚拟货币）买食材

答案：把 ABC 全扔进垃圾桶！记住巴菲特的名言：“元宇宙的第一条行规——别用你赔不起的钱。”

2. 如果你在元宇宙开摊遇到：

2023 年——没人理解数字烤串

2025 年——同行疯狂模仿你

2030 年——整个街区都是你的 IP

巴菲特会说：

A. 2023 年关店止损

B. 2025 年起诉抄袭者

C. 2030 年笑着数钱

答案：C！他当年持有比亚迪从 2008 熬到 2022，整整 14 年才迎来爆发。

3. 巴菲特说“元宇宙的财富密码不在那些会发光的量子里”。请仔细想想，将两边内容对应起来。

· 平台生态	别人哄抢辣椒时，你偷偷收购盐矿
· 基础设施	城管突击检查时，你早就办好所有许可证
· 合规优势	食客们为网红摊位打架时，你默默给整条街供电

答案：略。